Oko mądrości

Wizja Jedności

Oko mądrości
Wizja Jedności

Swami Ramakrishnananda Puri

Mata Amritanandamayi Center, San Ramon
Kalifornia, Stany Zjednoczone

Oko mądrości – Wizja Jedności

Swami Ramakrishnananda Puri

Wydane przez: :
Mata Amritanandamayi Center
P.O. Box 613
San Ramon, CA 94583
Stany Zjednoczone

W Polsce: www.amma-polska.pl

Międzynarodowy: www.amma.org

Dedykacja

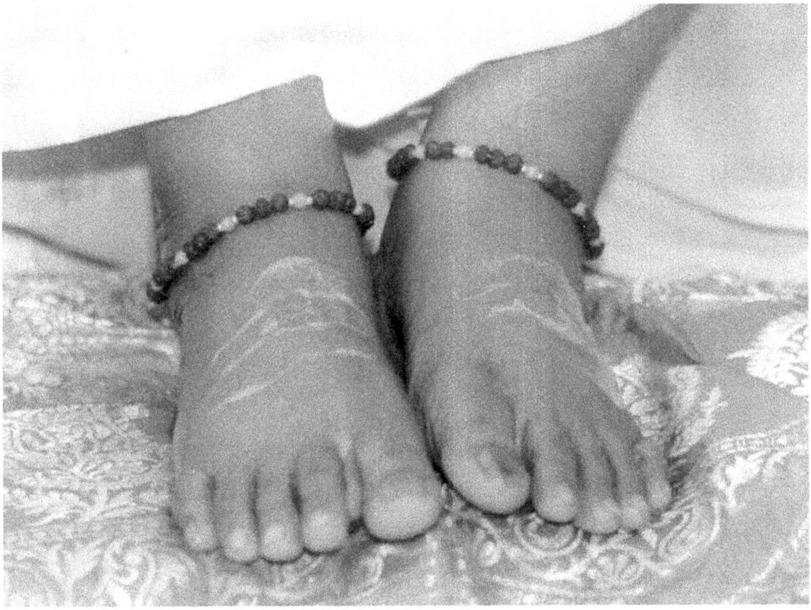

Z pokorą składam tę książkę
u Lotosowych Stóp mojej najdroższej Satguru,
Świętej Matki Amritanandamayi

sarvagaṁ saccid-ātmānaṁ jñāna-cakṣurnirīkṣate
ajñāna-cakṣurnekṣeta bhāsvantaṁ bhānum-andhavat

Atma, będąca wszechobecną egzystencją-świadomością,
Widziana jest przez tych, którzy posiadają oko mądrości.

Ten, którego wizja przyćmiona jest przez niewiedzę, nie dostrzeże jej, tak jak niewidomy nie widzi świecącego słońca.

–Atma Bodha 65

Spis treści

Wstęp

Kilka lat temu w Australii podczas darszanu[1] stałem nieopodal Ammy, rozmawiając z kilkoma wiernymi. Nagle Amma przywołała mnie do siebie. Kiedy podszedłem do Niej, obsypała mnie płatkami kwiatów, mówiąc: „Synu, dziś są przecież twoje urodziny, prawda?".

Powiedziałem Jej, że właściwie nie jestem pewien. W Indiach oprócz daty urodzin każdy posiada również gwiazdę urodzin. Ta gwiazda przypada raz lub dwa razy na miesiąc. Zwyczajowo urodziny obchodzi się w dniu gwiazdy urodzin, w miesiącu, w którym przyszło się na świat. Zatem data urodzin zmienia się z roku na rok. Mimo iż powiedziałem kiedyś Ammie, jaka jest moja gwiazda urodzin, nigdy nie wyjawiłem Jej ani nikomu innemu w aszramie daty swych urodzin. I choć na przestrzeni

1 Słowa obcego pochodzenia zostały wyjaśnione w słowniczku znajdującym się na końcu książki. W przypadku nazw pospolitych oraz powszechnie znanych nazw własnych, w tym w szczególności imion Bogów (Kryszna, Sziwa itp.) zastosowana została transliteracja polska, według ogólnie przyjętej pisowni, natomiast w przypadku nazwisk, cytatów oraz mniej znanych nazw geograficznych zachowana została transliteracja angielska, gdzie sh będzie czytane po polsku jako sz, ch jako cz, v jako w, j jako dż itp. W przypadku transliteracji polskiej trudno jest dokładnie odwzorować wymowę, ponieważ na przykład słowo „Dewi" (Bogini) czyta się bardziej jeko „Deiwi", lecz taki zapis nie jest powszechnie stosowany ani też nie odpowiada zapisowi angielskiemu „Devi". Również słowo „Swami", które przyjęło się w Polsce w transliteracji angielskiej, wymawiane jest raczej jako „Słami". Wymowa pozostałych użytych w tekście terminów nie powinna sprawiać trudności, gdyż czyta się je tak, jak zostały zapisane po polsku: pudża, sanjas, arczana, szraddha itp.

lat Amma wielokrotnie dostarczała mi dowodów swej wszechwiedzy, wciąż nie mogłem się nadziwić, że wiedziała o moich urodzinach, a także wzruszyłem się, że postanowiła o tym wspomnieć. Kiedy Amma udzieliła mi darszanu i podarowała z okazji urodzin jabłko, przypomniałem sobie, że według świętych pism prawdziwy Mistrz widzi przeszłość, teraźniejszość i przyszłość wszystkich żyjących istot. I mimo że Amma nigdy o sobie tego nie powiedziała, w swój niepowtarzalny, nieoceniony i sprytny sposób dała mi znać, że nic nie umknie Jej uwadze.

To właśnie wtedy zacząłem rozważać napisanie książki o tym, jak Amma postrzega świat. Nie jestem oczywiście autorytetem w tej kwestii, ponieważ nikt nie potrafi dokładnie zrozumieć ani wyjaśnić postrzegania innej osoby, a w szczególności Mistrza pokroju Ammy. Lecz żyjąc z Nią od trzydziestu lat, siedząc u Jej stóp, przyglądając się Jej z daleka oraz otrzymując porady w sprawach ważkich i błahych, czuję, że mam na ten temat coś do powiedzenia, jakkolwiek ograniczona nie byłaby moja wiedza. Za pomocą wskazówek, dedukcji i doświadczeń zacząłem składać w całość elementy układanki. Jedno wiem z pewnością: Jej wizja jest wizją spoza tego świata. Wykracza ona poza wszystko, co potrafimy zrozumieć, poza wszystko, co możemy sobie wyobrazić - po prostu ponad wszystko. Nie da się jej opisać słowami. Mimo to Amma próbuje nam ją przybliżyć, dzięki czemu możemy choć przelotnie jej dotknąć.

W Bhagawad Gicie Kryszna mówi:

Aścaryavat paśyati kaścid-enam
Aścaryavad vadati tathaiva cānyaaḥ

Oko mądrości

Āścaryavaccainam anyaḥ śṛṇoti
Śrutvāpyenaṁ veda na caiva kaścit

Jeden doświadcza cudu Atmy (Prawdziwej Jaźni).
Inny nazywa Ją cudem.
Jeszcze inny słyszy, że jest Ona cudem.
A inny, mimo iż słyszy, nie zna Jej wcale.

Pomiędzy porannym a wieczornym programem w Seattle podczas ostatniej północnoamerykańskiej trasy Ammy zatrzymaliśmy się u wiernego, którego mieszkanie wychodziło na piękne jezioro u podnóża ośnieżonej góry Rainier. Kiedy oczom asystentki Ammy ukazał się ten widok, zostawiła otwarte okna, aby Amma również mogła zerknąć na wspaniały krajobraz. Lecz gdy Amma weszła do pokoju i asystentka poprosiła Ją, aby spojrzała na górę, nie odwróciła nawet wzroku od listu, który czytała.

Asystentka nalegała: „Amma, spójrz proszę choć na chwilę. Nie zajmie Ci to nawet minuty. Jest tak pięknie".

W końcu Amma odparła: „Dla Ammy rzeczywistość zewnętrzna i wewnętrzna są jednakowo piękne".

Tak naprawdę nie ma nic piękniejszego i wspanialszego od Atmy. Prawdziwy Mistrz taki jak Amma, który nieustannie doświadcza własnej Jaźni, nie potrzebuje niczego więcej.

Swami Ramakrishnananda Puri
Amritapuri
27 września 2007

Sri Mata Amritanandamayi: wprowadzenie

Za sprawą swych niezwykłych aktów miłości i poświęcenia Śri Mata Amritanandamayi Devi, znana powszechnie jako Amma (Matka), zaskarbiła sobie sympatię milionów ludzi na całym świecie. Czule głaszcząc każdego, kto do Niej trafia, i tuląc do serca w kochającym uścisku, Amma okazuje swą bezgraniczną miłość wszystkim - niezależnie od ich przekonań, stylu życia czy powodów, dla których przybyli się z Nią spotkać. W ten prosty, lecz jakże skuteczny sposób Amma dokonuje przeobrażeń w życiu niezliczonych ludzi, z każdym objęciem coraz bardziej otwierając ich serca. W ciągu ostatnich trzydziestu sześciu lat przytuliła ponad dwadzieścia sześć milionów osób z całego świata.

Jej niestrudzony duch poświęcenia dla cierpiącego świata dał początek całej sieci organizacji charytatywnych, które pozwalają ludziom osiągnąć spokój i spełnienie poprzez służbę. Amma naucza, że Boskość przenika wszystkie istoty i przedmioty. Dostrzeżenie tej jedności, leżącej u podstaw wszelkiego stworzenia, jest nie tylko esencją duchowości, lecz również środkiem uśmierzającym cierpienie.

Nauki Ammy są uniwersalne. Kiedy pytamy o Jej religię, odpowiada, że jest nią miłość. Amma nie prosi nikogo, aby wierzył w Boga lub zmienił wyznanie, lecz jedynie aby dociekał swej prawdziwej natury i uwierzył w siebie.

Rozdział 1

Prawdziwe widzenie 20/20

Każdy człowiek uznaje granice własnego pola widzenia za granice świata”[1]

– Artur Schopenhauer

W dzisiejszym świecie występuje tak wiele podziałów i konfliktów, że zaczęliśmy to traktować jako normę. Lecz jednocześnie znana jest nam wszystkim koncepcja utopijnej cywilizacji istniejącej w zamierzchłej przeszłości. Słyszeliśmy również opowieści o mitycznej wyspie Atlantis, zatopionej w oceanie, a także legendę o Shangri-la, dolinie spokoju i harmonii, całkowicie odciętej od reszty świata. Greccy poeci mieli swój Złoty Wiek, a indyjskie Purany dzielą historię ludzkości na cztery jugi czy epoki, z których najstarszą była Satja Juga (Epoka Prawdy). W Satja Judze panował wieczny spokój, ponieważ ludzie żyli wówczas w zgodzie ze sobą i z naturą. Lecz choć istnienie Satja Jugi nie jest mitem, miała ona miejsce bardzo dawno temu.

Mimo to wszyscy pragniemy ujrzeć świat wolnym od wojen, zamieszek, korupcji, chorób, ubóstwa i głodu. Niestety jednak na całej kuli ziemskiej tylko o tym nieustannie słyszymy w mediach. Istnieje ogromna rozbieżność między naszymi ideałami a otaczającą nas rzeczywistością.

Za sprawą dzisiejszej technologii żyjemy dosłownie w globalnej wiosce. Lecz na świecie istnieje tak wielu ludzi o sprzecznych interesach, celach i ideach, że największe wyzwanie naszych czasów stanowi umiejętność życia ze sobą w zgodzie. Technologia uczyniła świat mniejszym, lecz nie usunęła konfliktów kulturowych i ideologicznych wynikających ze zmniejszenia dystansu pomiędzy ludźmi. Wygląda na to, że przy takim tempie rozwoju żartobliwe słowa Ralpha Waldo Emersona - „Rasa ludzka ostatecznie zginie z powodu cywilizacji" - mogą okazać się bardziej prorocze, niż ktokolwiek za jego czasów mógł przypuszczać.

Podziały obecne są nie tylko pomiędzy narodami i społecznościami, lecz również w obrębie rodziny. W pewnym czasopiśmie natknąłem się na list napisany przez dziewczynkę:

> *„Panie Boże,*
> *Na pewno jest Ci bardzo ciężko kochać wszystkich na świecie. W mojej rodzinie są tylko cztery osoby i nie zawsze potrafię je wszystkie kochać".*

Amma mówi: „Nawet jeśli w rodzinie są cztery osoby, każda z nich żyje niczym na oddzielnej wyspie. Nie ma między nimi głębokiej komunikacji". Aby zilustrować to stwierdzenie, przytacza następującą historię.

Trzyosobowa rodzina dzieliła jeden samochód. Pewnego wieczoru ojciec chciał pójść do kina, matka na zakupy, a syn na koncert. Każde z nich próbowało przekonać pozostałych, żeby udostępnili mu samochód. W końcu wybuchła pomiędzy nimi kłótnia i nikt nie zrealizował swoich planów. A można było zastosować proste rozwiązanie: syn mógł zawieźć ojca do kina, a matkę do centrum handlowego, następnie pójść na koncert i w drodze powrotnej odebrać ich oboje. Lecz ponieważ żadne z nich nie brało w ogóle pod uwagę życzeń pozostałych, nie wpadli na to praktyczne rozwiązanie.

Niektórzy widzą świat w szerokiej perspektywie, lecz często zapominają o drobnych gestach, które wiele znaczą: serdeczny uśmiech, słowo pocieszenia czy dobry uczynek. O takich osobach mówi się, że kochają ludzkość, lecz nienawidzą ludzi.

Inni z kolei zwracają uwagę na szczegóły, lecz często ograniczają się do nich, koncentrując się na jednym zadaniu i ignorując jego powiązania z całością.

Amma opowiada historię ilustrującą tę postawę. Pewien mężczyzna otrzymał zadanie namalowania na autostradzie linii oddzielających pasy ruchu. Pierwszego dnia pomalował sześć mil, drugiego trzy mile, a trzeciego mniej niż milę. Kiedy przełożony zapytał go, dlaczego każdego dnia pracuje z mniejszą wydajnością, odparł sfrustrowany: „Nie mogę zrobić więcej. Każdego dnia coraz bardziej oddalam się od puszki z farbą".

Tak samo większość z nas ogląda świat jedynie z własnej perspektywy, nie zaś z perspektywy innej osoby. Amma natomiast widzi całość i Jej świadomość obejmuje każdego człowieka, będącego częścią tej całości. Ta holistyczna wizja, samaszthi dryszti, nie polega na skupianiu się na rzeczach dużych, a ignorowaniu małych. Opiera się ona na podstawowej duchowej zasadzie, że Najwyższa Świadomość przenika wszechświat w postaci jednej Nici Życia, Sutratma, łączącej wszystkie istoty i przedmioty. „Miłość jest manifestacją Prawdziwej Jaźni" - naucza Amma. - „To miłość spaja całość stworzenia jedną nicią. Dlatego mówi się, że Bóg jest miłością".

W Bhagawad Gicie Kryszna mówi:

Mattaḥ parataraṁ nānyat kiṁcid asti dhanaṁjaya
Mayi sarvam idaṁ protaṁ sūtre maṇigaṇā iva

Nie istnieje nic wyższego ode Mnie, o Dhanandżaja.
To ja podtrzymuję wszystko jak sznur łączący
drogocenne korale.

Ze swej uniwersalnej perspektywy Amma mówi, że problemy dzisiejszego świata są jedynie fizyczną manifestacją problemów w ludzkich umysłach. Często zapominamy, że całość jest zbiorem części, w którym zawiera się każdy z nas. „Społeczeństwo składa się z jednostek" - mówi Amma - „Wojna jest zewnętrznym przejawem konfliktu w człowieku. Kiedy ludzie się zmienią, naturalnie podąży za tym zmiana w społeczeństwie. Tak jak nienawiść i mściwość istnieją w umyśle, tak samo mogą w nim zaistnieć również spokój i miłość". W swoim przemówieniu na zgromadzeniu ONZ w 2000 roku Amma wskazała, że „konflikt w społeczeństwie wynika z konfliktu w jednostkach".

Czynnikiem warunkującym stan świata, w którym żyjemy, jest zatem indywidualny umysł. Niewidzialne nasiona widzialnych problemów spoczywają w ludzkich sercach. Dlatego oprócz zajmowania się symptomami przejawiającymi się na poziomie społeczeństwa powinniśmy również zgłębić ich źródło, tkwiące w nas samych. Jeśli konflikt w naszych umysłach zostanie rozwiązany, ludzie na całym świecie zaznają spokoju i dobrobytu.

Kiedy idziemy na badanie wzroku, okulista każe nam odczytywać z tablicy litery oraz cyfry. Nasz wzrok oceniany jest na podstawie tego, jak dobrze widzimy z odległości dwudziestu stóp w porównaniu z widzeniem osoby, która ma doskonały wzrok. Ta miara nazwana została frakcją Snellena, na cześć jej twórcy, holenderskiego okulisty Hermana Snellena, który w 1863 roku opracował klasyczną tablicę okulistyczną. Od tamtej pory przyjęło się, że wynik 20/20 oznacza doskonały wzrok.

Snellen określił rozmiar liter w swej tablicy, porównując widzenie wielu pacjentów z widzeniem swego asystenta, który bezbłędnie odczytywał symbole z dużej odległości. Lecz zapiski historyczne nie tłumaczą, skąd Snellen wiedział, że jego asystenta cechował „doskonały" wzrok. Oznacza to, że nasze standardy ostrości wzroku oparte są na widzeniu jednego człowieka, który został mniej lub bardziej przypadkowo wybrany ze względu na swą dostępność. Mimo to każdy przyjmuje miarę Snellena za doskonały wyznacznik ostrości wzroku.

Podobnie my też przyjmujemy, że istnieje doskonały, zdroworozsądkowy sposób patrzenia na świat - mimo iż zdajemy sobie sprawę z ograniczeń własnych zmysłów. Nawet w pobliżu nas znajduje się wiele rzeczy, których nie jesteśmy świadomi. Na wielu płaszczyznach nawet psy wykazują się większą świadomością swego otoczenia niż my. Pewne częstotliwości dźwięku są nieuchwytne dla człowieka, natomiast pies słyszy je wyraźnie. Pies potrafi wyczuć zapachy, o których istnieniu nie mamy pojęcia. A w Indiach mówi się, że pies widzi subtelne istoty, niewidzialne dla ludzkiego oka. To wyjaśnia, dlaczego psy wydają się czasem szczekać bez powodu.

Mało znany jest fakt, że podczas tsunami w 2004 roku w porównaniu z ludźmi ucierpiało bardzo niewiele zwierząt. W całej południowej Azji zwierzęta najwyraźniej przeczuwały katastrofę, ponieważ przeniosły się na obszary wyżej położone.

W kilkunastu przypadkach turyści w parkach krajobrazowych zauważyli, że słonie pospieszyły na wzgórza, i uznali za stosowne podążyć ich śladem. Ta decyzja uratowała ich od śmierci.

Oczywiste jest, że pod pewnymi względami zwierzęta mają bardziej rozwinięte od nas zdolności sensoryczne. Możemy też założyć, że zmysły niektórych ludzi są bardziej wyostrzone od naszych. Prawdopodobnie istnieją osoby o lepszym wzroku niż asystent Snellena, czy nie jest więc możliwe, że istnieją ludzie, którzy widzą świat w szerszej perspektywie?

Z praktycznego punktu widzenia możemy z łatwością zauważyć, że sposób, w jaki Amma postrzega świat, jest o wiele bardziej doskonały, praktyczny i dalekosiężny od naszego. Amma widzi we wszystkich własną świadomość. „Nie różnisz się ode mnie" - mówi. - „Ty i ja jesteśmy jednym". Dlatego potrafi Ona zachować spokój w każdej sytuacji, a także dzielić się tym stanem z każdym, kogo spotyka. Kiedy nie widzimy żadnej różnicy pomiędzy sobą a innymi, jak moglibyśmy kogokolwiek nienawidzić? Jak moglibyśmy oceniać? Możemy jedynie kochać. Traktując wszystkich jako przedłużenie siebie, Amma przytula i pociesza każdą napotkaną osobę. Pomimo pozornych zewnętrznych różnic istnieje jedna podstawowa Świadomość. Amma wyjaśnia: „Niezależnie od rasy krowy mleko jest zawsze białe. Podobnie, bez względu na kulturę i charakter ludzi, przenikająca ich Świadomość jest jedna i ta sama". Wizja jedności Ammy stanowi esencję duchowości. Tej wizji Amma pragnie dla nas wszystkich, ponieważ wie, że tylko ona przyniesie nam spokój, zarówno każdemu z osobna, jak i całemu społeczeństwu.

Obserwując tak wiele przemocy, nienawiści oraz sporów na tle religijnym i kulturowym, czyj punkt widzenia uznamy za bardziej doskonały - naszą perspektywę podziałów i różnic czy perspektywę Mahatmy, będącą perspektywą jedności? Osobiście uważam, że to Mahatma posiada prawdziwe widzenie 20/20 i że to Jego czy Jej miarą powinniśmy mierzyć własne postrzeganie świata. W ten sposób z pewnością poszerzymy swą świadomość i zaczniemy o wiele wyraźniej widzieć siebie oraz innych.

Rozdział 2

Zamki z piasku i kamienia

„Rzeczywistość jest zaledwie iluzją mimo iż bardzo uporczywą".

– Albert Einstein

„Śniłem, że byłem motylem szybującym po niebie. Wtedy się obudziłem. Teraz zastanawiam się: czy jestem człowiekiem, który śnił o byciu motylem, czy motylem, który śni, że jest człowiekiem?".

– Chuang Tzu

Niedowidzący pilot linii lotniczej przechodził pomyślnie okresowe badania wzroku tylko dzięki temu, że nauczył się na pamięć tablicy okulistycznej. Pewnego roku lekarka zmieniła tablicę i gdy pilot zaczął recytować znaki ze starej tablicy, zrozumiała, że do tej pory była oszukiwana.

W rzeczywistości pilot okazał się niemal niewidomy. Okulistka nie mogła się nadziwić. „Jak ktoś z tak słabym wzrokiem może pilotować samolot?" - zapytała.

„Och, wszystko jest teraz w pełni zautomatyzowane. Cel ustawia się w komputerze pokładowym, a ja muszę jedynie nacisnąć przycisk. Samolot właściwie sam się pilotuje".

„Rozumiem" - odparła lekarka. - „Ale co ze startem?".

„To proste. Ustawiam samolot na pasie startowym, rozpędzam go, odchylam dźwignię i lecimy!".

„Wciąż jednak nie mogę sobie wyobrazić, jak pan ląduje!" - wyraziła swe zdumienie lekarka.

„Och, to najłatwiejsza część. Korzystam z lotniskowej radiolatarni, żeby wejść na właściwy tor. Następnie zmniejszam prędkość, czekam, aż drugi pilot zacznie krzyczeć z przerażenia, unoszę do góry dziób i samolot ląduje poprawnie".

Każdy z nas postrzega i ocenia własne doświadczenia, a także ludzi i przedmioty na swój sposób. Lecz mimo iż nasza perspektywa jest w pełni prawdziwa dla nas, nie musi się taka koniecznie wydawać pozostałym. Dwie osoby żyjące w tym samym otoczeniu mogą przebywać w bardzo różnych światach.

Pisma Sanatana Dharmy wyróżniają trzy poziomy rzeczywistości. Są to: pratibhasika satta (pozorna rzeczywistość), wiawaharika satta (rzeczywistość względna lub empiryczna) oraz paramarthika satta (rzeczywistość absolutna). Dla ułatwienia nazwijmy je subiektywną, obiektywną i ostateczną rzeczywistością.

Rzeczywistość subiektywna odnosi się do doświadczeń, które prawdziwe są wyłącznie dla doświadczającego, dla nikogo więcej. Zaliczają się do niej sny, halucynacje i wizje. Rzeczywistość subiektywna jednej osoby może się całkowicie różnić od rzeczywistości subiektywnej innej osoby. To, co jednej osobie wydaje się prawdziwe, może nawet nie zaświtać w wyobraźni drugiej osoby.

Pewien psychiatra w szpitalu badał swych długoterminowych pacjentów pod kątem gotowości do powrotu do społeczeństwa. „Z twojej karty wynika, że zostałeś polecony do wypisania" - powiedział jednemu z pacjentów. - „Czy masz jakiś pomysł na to, co chciałbyś robić po wyjściu?".

„Skończyłem szkołę inżynierską" - odparł po namyśle pacjent. - „Jest to wciąż dobra dziedzina. Z drugiej strony mógłbym napisać książkę o swoich doświadczeniach w szpitalu".

Lekarz pokiwał głową z uznaniem.

Pacjent kontynuował: „Ludzi mogłaby zainteresować taka książka. Oprócz tego myślałem, żeby wrócić na uniwersytet i podjąć studia na wydziale historii sztuki".

Lekarz znów skinął głową, komentując: „Tak, wszystkie te pomysły brzmią intrygująco".

Pacjent jednak jeszcze nie skończył. Po chwili dodał: „A najlepsze jest to, że w wolnym czasie mogę dalej być czajnikiem".

Rzeczywistość subiektywna jest całkowicie indywidualna. Bliskość fizyczna niczego tu nie zmienia. Sen, który wydaje się rzeczywisty jednej osobie, nie będzie prawdziwy dla innej, nawet jeśli usiądzie ona tuż obok śniącego. Każdemu z nas przyśnił się kiedyś niezwykle realistyczny sen. Lecz kiedy próbujemy podzielić się takim snem z drugą osobą, zazwyczaj zauważamy, że nie jest ona szczególnie zainteresowana. Dzieje się tak, ponieważ dla słuchacza sen ten nie ma oparcia w rzeczywistości. Jest on jedynie wytworem naszej wyobraźni.

Rzeczywistość obiektywna jest tym, czego większość ludzi doświadcza w swym codziennym życiu. Kiedy siedzimy na krześle, wiemy, że jest to krzesło, a nie prom kosmiczny. Tak samo każdy czuje, że ogień parzy - nikt nie wejdzie do płonącego domu. Jest to rzeczywistość obiektywna. Gdy ktoś mówi ci, żebyś pogodził się z rzeczywistością, ma on na myśli obiektywną rzeczywistość, jakiej doświadcza większość z nas. Wielu ludzi uważa, że ta rzeczywistość jest jedyną rzeczywistością - jedynym, co istnieje.

Pisma jednak mówią, że obiektywna rzeczywistość nie jest absolutna - jest ona jedynie względnie prawdziwa, lecz ponieważ każdy patrzy na świat za pomocą podobnego fizycznego ciała, nazywamy ją bezwzględną rzeczywistością. Każdy posiada ten sam punkt odniesienia w postaci ciała fizycznego. A z perspektywy ciała świat jest prawdziwy. Lecz jeśli przyjmiemy inny punkt widzenia, stanie się on nieprawdziwy. Na przykład z punktu widzenia śniącego stan jawy nie istnieje.

Nikt oczywiście nie traktuje poważnie punktu widzenia śniącego. Możemy co najwyżej okazać współczucie, kiedy śni mu się koszmar. Lecz powinniśmy poważnie potraktować inny punkt widzenia - punkt widzenia Mahatmów. Jest to trzeci poziom rzeczywistości przedstawiany w pismach - paramarthika satta, rzeczywistość absolutna.

Zarówno subiektywna, jak i obiektywna rzeczywistość są całkowicie zależne od rzeczywistości absolutnej - nie mogłyby istnieć bez niej, ponieważ jest ona ich podłożem, a także znajduje się ponad nimi. Podczas czytania tej książki jesteś świadomy własnego ciała oraz książki. Może nawet odczuwasz wdzięczność za ręce, którymi trzymasz książkę, oraz oczy, za pomocą których ją czytasz. Lecz jak wielu z nas pamięta, że to przede wszystkim światło pozwala nam widzieć słowa? Podobnie to absolutna rzeczywistość umożliwia istnienie wszelkich postrzeganych przez nas form. Bez jej obecności nie istniałoby nic. Jednocześnie ona sama wykracza poza wszelkie postrzeganie.

Spójrzmy na to pod innym kątem, posługując się przykładem złotej biżuterii oraz złota jako tworzywa. Złoto jest podłożem biżuterii - bez niego złota biżuteria nie mogłaby powstać. Jednocześnie złoto wykracza poza biżuterię. Niezależnie od istnienia czy nieistnienia biżuterii, złoto pozostaje złotem. Zatem w przypadku biżuterii złoto jest bezwzględnie prawdziwą rzeczywistością. Ozdoby wykonane ze złota - pierścionek, naszyjnik, bransoletka - są jedynie względnie prawdziwe.

Amma mówi: „Nie rozróżniam pomiędzy materialnym a duchowym. Fale i ocean nie są od siebie odrębne. Produkt nie różni się od materiału, z którego został wykonany. Jest to ta sama substancja w innej postaci. Tak samo Stwórca i Jego kreacja nie są dwoma osobnymi formami - są jednym".

W odniesieniu do ciała, umysłu i intelektu absolutną rzeczywistością, która je ożywia, jest Czysta Świadomość. Umożliwia ona ich funkcjonowanie. Bez Czystej Świadomości ciało, umysł i intelekt nie mogłyby w ogóle istnieć, nie tylko funkcjonować. Lecz nawet gdy ciało, umysł i intelekt znikną, Świadomość pozostanie. W Bhagawad Gicie Kryszna mówi:

Aham ātmā guḍākeśa sarva-bhūtāśaya-sthitaḥ
Aham ādiśca madhyaṁ ca bhūtānām anta eva ca

Jestem Ostateczną Świadomością, przenikającą serca wszystkich żyjących istot.
Jestem początkiem, środkiem i końcem wszystkich żyjących istot.

Wieczna natura Świadomości pozwala riszim nazywać ją absolutnie prawdziwą. Wymyślili oni prosty, logiczny test badający ostateczną prawdziwość rzeczy, według którego tylko to, co pozostaje niezmienne w przeszłości, teraźniejszości i przyszłości, można nazwać prawdziwym. Wszystko inne jest tymczasowe lub względnie prawdziwe. Kiedy modlimy się słowami „prowadź nas od nieprawdy do Prawdy", prosimy o wzniesienie naszej świadomości z obecnego poziomu relatywnej rzeczywistości - nieprawdy - do poziomu Czystej Świadomości, czy też Najwyższej Prawdy.

Kiedy śnimy, nie jesteśmy świadomi świata stanu jawy. Lecz kiedy budzimy się, orientujemy się, że sen nie był wcale prawdziwy, lecz jedynie takim się wydawał. Uświadamiamy sobie również, że wszystkie przedmioty i postacie we śnie stworzyliśmy sami.

Wiemy, że ten, kto śnił, jest tym samym, który się obudził, ponieważ pamiętamy, co robiliśmy i czego doświadczaliśmy we śnie. Gdyby były to dwie różne osoby, nigdy nie pamiętalibyśmy swoich snów. Nie możemy oczywiście pamiętać wszystkich swoich snów, lecz nie oznacza to, że to nie my je śniliśmy. Mimo iż nie pamiętamy swych narodzin, nie powiemy, że nie narodziliśmy się. Poza tym czy pamiętamy wszystko, co robiliśmy wczoraj?

Kiedy śnimy, mamy pewność, że świat snu jest jedyną rzeczywistością. Dopiero kiedy budzimy się, przestajemy utożsamiać się ze snem i zaczynamy identyfikować się z naszym fizycznym ciałem oraz światem wokół nas. Wzdychając z ulgą, mówimy: „Och, tak się cieszę, że był to tylko sen!".

Ta sama zasada odnosi się do naszego życia w stanie jawy. Obecnie jesteśmy w pełni przekonani, że świat stanu jawy jest wszystkim, co istnieje. Lecz kiedy odkryjemy absolutną rzeczywistość, będącą podstawą rzeczywistości względnej, w której obecnie przebywamy, uświadomimy sobie, że nie jesteśmy ograniczonymi indywidualnymi istotami, lecz samą Rzeczywistością, i że to my stworzyliśmy cały świat jawy. Nie oznacza to, że wówczas świat jawy zniknie, jak ma to miejsce w przypadku snu dla tego, kto się budzi, lecz będziemy przynajmniej w stanie dostrzec nieodłączną jedność przenikającą pozorną różnorodność świata jawy.

Pewnego dnia król spacerował po granicach swego królestwa. Po jednej stronie królestwa znajdowało się morze. Król zatrzymał się na chwilę, aby popatrzeć na dwóch chłopców stawiających na plaży zamki z piasku. Nagle chłopcy zaczęli się kłócić. Jeden z nich zburzył zamek drugiego. Zauważywszy, że przygląda im się król, poszkodowany chłopiec podszedł do niego i poskarżył się na tę niesprawiedliwość. Króla rozśmieszył fakt, że chłopiec tak się przejął zamkiem z piasku. Przestał się śmiać dopiero wówczas, gdy jego doradca skomentował: „Ty w czasie wojny nie śpisz, martwiąc się o swe zamki z kamienia, jak więc możesz śmiać się z tych chłopców broniących swych zamków z piasku?".

Dla dzieci zamki z piasku wydawały się absolutną rzeczywistością, natomiast król przypisywał najwyższą rzeczywistość zamkom z kamienia. Dzieci osadzone były w subiektywnej rzeczywistości, natomiast król poruszał się w rzeczywistości obiektywnej. Lecz dla Mistrza, który uświadomił sobie absolutną rzeczywistość, obie powyższe rzeczywistości są jednakowo nieprawdziwe - obie stanowią swego rodzaju sen.

Kiedy zatapiamy się w obiektywnej rzeczywistości, fizyczny świat nazw i form staje się dla nas bardzo prawdziwy, natomiast sny poprzedniej nocy tracą swą realność. Lecz dla śniącego świat stanu jawy nie jest prawdziwy. Z kolei osoba pogrążona w głębokim śnie nie postrzega jako prawdziwych ani świata snu, ani świata jawy. Zatem jedyną absolutną rzeczywistością jest czysta świadomość, „Ja" będące świadkiem wszystkich trzech stanów świadomości - jawy, śnienia oraz głębokiego snu. Dlatego też absolutna rzeczywistość w postaci Czystej Świadomości zwana jest również Atmą lub Prawdziwą Jaźnią wszystkich żyjących istot.

Pewien król z Tamil Nadu otrzymał od losu jeszcze większą lekcję niż władca z poprzedniej opowieści. Król powierzył jednemu ze swych ministrów zadanie kupna kilkunastu rasowych koni. Lecz minister, będący zagorzałym wiernym Sziwy, przekazał zamiast tego pieniądze na działalność dobroczynną i renowację świątyni. Kiedy król odkrył przewinienie, natychmiast wtrącił ministra do więzienia.

Krótko potem przyszedł monsun i jedna z rzek królestwa zaczęła wylewać. Król ogłosił stan wyjątkowy i nakazał, aby w celu uniknięcia powodzi jedna osoba z każdego domu zgłosiła się do pomocy przy umacnianiu wałów. Starsza kobieta mieszkająca samotnie czuła się w obowiązku wypełnić rozkaz. Ponieważ była za stara, aby wykonywać pracę fizyczną, a nie udało jej się znaleźć zastępstwa, modliła się do Sziwy o rozwiązanie.

W desperacji podniosła oczy ku niebu i po chwili ujrzała stojącego przed sobą mężczyznę. Mimo iż całe swe życie spędziła w tym niewielkim królestwie, nigdy dotąd go nie widziała. Zwróciła się do niego słowami: „Młody człowieku, wykonaj za mnie proszę tę pracę i zdejmij ze mnie ciężar. Dla ciebie to nic trudnego".

Mężczyzna odparł: „Nie będę pracował za darmo. Musisz mi dać coś w zamian".

Starsza kobieta była uboga i mogła mu jedynie zaoferować puttu (danie z ryżu i kokosa), które codziennie przygotowywała dla siebie. Kiedy wytłumaczyła to mężczyźnie, powiedział: „To wystarczy. Karm mnie, a będę dla ciebie pracował".

Przyprowadziła więc mężczyznę do domu i podała mu dużą porcję jedzenia. Po posiłku poszedł nad rzekę, ale zamiast pracować stał i rozmawiał z innymi, ich również odciągając od pracy. Zauważywszy to, jeden z nadzorców poskarżył się królowi. Król natychmiast podszedł do mężczyzny i zaczął okładać go kijem.

Mężczyzna nie protestował, lecz wydarzyło się coś niespodziewanego: w momencie kiedy kij uderzał o jego ciało, pozostali również czuli ból - jak gdyby drewno smagało ich własną skórę. Wszyscy obywatele, włącznie z królem, krzyczeli z bólu.

Zdumiony król odstąpił od mężczyzny i pozwolił mu odejść. Mężczyzna uczynił kilka kroków, a następnie rozpłynął się w powietrzu.

Widząc to, król zrozumiał, że objawił mu się sam Pan, chcąc mu pokazać, że Świadomość obecna jest we wszystkich żyjących istotach. Poczuł również, że w ten sposób Pan ukarał go za złe potraktowanie ministra. Udał się więc prosto do więzienia i nakazał, aby wypuszczono ministra i przywrócono go na stanowisko. Ujrzawszy ministra, powiedział: „Myślałem, że fundusze pałacu należą do mnie, dlatego cię ukarałem. Lecz teraz rozumiem, że wszystko jest własnością Boga i ty spożytkowałeś pieniądze we właściwy sposób".

Kiedy wiemy, że nasza Prawdziwa Jaźń jest Czystą Świadomością - że tworzymy jedność z Bogiem - rozumiemy, że nic, co przydarza nam się w stanach głębokiego snu, śnienia oraz jawy, nie wpływa na to, kim naprawdę jesteśmy. Ta wolność od czasu i przestrzeni, czy inaczej dżiwanmukti, jest celem ludzkiej duszy.

Rozdział 3

Wznosząc się ponad relatywną rzeczywistość

Tylko ten, kto sam się przebudził, może przebudzić innych.
– Amma

„Ostatnia z ludzkich swobód, dostępna w każdych okolicznościach, to wolność wyboru własnej postawy".
– Viktor Frankl

Pewnego razu mężczyzna, który przybył do obcego kraju, poszedł na targ. Zobaczył tam atrakcyjny owoc, którego nigdy wcześniej nie widział. Przekonany, że owoc będzie wyśmienity, kupił całą torbę i usiadł na ławce w parku, żeby się nim delektować. Z ogromnym entuzjazmem skosztował pierwszego, lecz okazał się strasznie ostry. Odkładając go na bok, pomyślał: „Może ten był niedobry. Spróbuję następnego". Drugi owoc był jednak równie ostry. Oblizując poparzone usta, mężczyzna wgryzł się w trzeci owoc, sądząc, że tym razem będzie miał więcej szczęścia. Spotkał się z rozczarowaniem. Myśląc, że może z wierzchnią partią było coś nie tak, sięgnął po owoce z dna. Każdy następny był ostrzejszy od poprzedniego i po jego twarzy zaczęły płynąć łzy. Nie dawał jednak za wygraną i dopiero po sprawdzeniu całej torby papryczek chili doszedł do wniosku, że ten nowy „owoc" nie jest taki, jak się spodziewał.

Możemy śmiać się z głupoty mężczyzny, ale czy sami nie postępujemy podobnie, nie potrafiąc lub nie chcąc uczyć się na własnych błędach?

My również szukamy spełnienia, próbując jednej rzeczy za drugą. A na końcu, tak samo jak na początku, w nagrodę otrzymujemy jedynie gorzki owoc.

Swami Purnamritananda, jeden z najstarszych uczniów Ammy, przytacza następującą anegdotę. Gdy pewnego razu tłumaczył dla Ammy podczas darszanu, przyszedł do Niej mężczyzna, w którego oczach kryły się desperacja i głęboki smutek. Kiedy Amma zapytała go, na czym polega jego problem, wyjaśnił, że od wielu miesięcy bezskutecznie szuka pracy i myśli nawet o samobójstwie. Amma pocieszyła go i poprosiła, aby koło Niej usiadł. Jakiś czas później inny strapiony mężczyzna wyżalił się Ammie, że w pracy jest pod tak wielką presją, że czasem wolałby umrzeć. Amma otarła jego łzy, po czym poleciła mu usiąść obok siebie. Po chwili podeszła bliska płaczu para, mówiąc, że nawet po latach konsultacji medycznych nie mogą mieć dziecka. Krótko potem inna para poskarżyła się Ammie, że ich jedyne dziecko wyrzekło się ich, a także podało do sądu. Później przyszła pora na kobietę, która żaliła się, że nigdy nie udało jej się znaleźć odpowiedniego partnera do małżeństwa i obawia się, że teraz jest już na to za późno. Z kolei inna kobieta powiedziała, że małżeństwo przemieniło jej życie w piekło.

Niektórzy z tych ludzi przyszli do Ammy, pragnąc czegoś, inni natomiast mieli coś, czego usiłowali się pozbyć, lecz wszystkich łączył fakt, że byli nieszczęśliwi i winili za swe nieszczęście aktualne okoliczności.

Istnieje starożytna rzymska przypowieść o osiołku, który był zawsze niezadowolony. Najpierw należał do handlarza ziołami, lecz uznając, że jego pan dawał mu zbyt wiele pracy, a za mało jedzenia, poprosił rzymskiego boga Jowisza o zwolnienie z obecnej służby i przydzielenie mu nowego pana. Jowisz ostrzegł go, że będzie żałował swojej prośby, ale osiołek nalegał, zatem Jowisz sprawił, że został sprzedany murarzowi. Wkrótce, zauważywszy, że noszenie ciężkich cegieł jest gorsze od poprzedniej pracy, wrócił do Jowisza z tą samą prośbą. Jowisz powiedział mu, że spełni jego życzenie po raz ostatni. Osiołek zgodził się i Jowisz zarządził, żeby został sprzedany garbarzowi. Orientując się, że wpadł w jeszcze gorsze ręce, osiołek zaryczał: „Byłoby dla mnie lepiej, gdybym umarł z głodu lub wycieńczenia, niż został kupiony przez mojego obecnego właściciela, który wygarbuje moją skórę i będzie mnie wykorzystywał nawet po śmierci".

W rzeczywistości żadna zmiana w naszych zewnętrznych okolicznościach nie zapewni nam trwałego spokoju ani szczęścia. Każde rozwiązanie niesie ze sobą problemy, które wymagają nowych rozwiązań.

Zdarza się też, że napotykamy problemy, którym nie da się zaradzić na zewnątrz. Możemy znaleźć się w sytuacji bez wyjścia. Niektórzy czytelnicy znają zapewne historię Viktora Frankla, żydowskiego psychiatry, który podczas holokaustu spędził trzy lata w obozach koncentracyjnych. Frankl stracił w obozach żonę, brata oraz rodziców. Nie wiedział, czy on sam nie zostanie lada dzień zamordowany, lecz uświadomił sobie, że niezależnie od tego, co zostało mu odebrane i ilu okropieństwom został poddany, wciąż dysponował „ostatnią z ludzkich swobód". Nawet jeśli zewnętrzna wolność została mu odebrana, zrozumiał, że utrzymanie wewnętrznej wolności zależy od niego. Obserwując z dystansem wszystko, co mu się przytrafiało, zachował umiejętność wyboru swej reakcji. Mógł wybrać, czy chce czuć się poszkodowany przez sytuację, czy woli pozostać niewzruszony. Pozostając zdystansowanym do swego obiektywnego świata - dostrzegając, że jest on tylko względnie prawdziwy, podczas gdy jego wewnętrzna świadomość pozostaje niezmienna - był w stanie do pewnego stopnia zapanować nad swymi emocjami, a także udzielać wsparcia psychicznego swym współwięźniom. Przez cały czas pobytu w obozie był światłem nadziei i inspiracji dla innych więźniów, a nawet dokonał przemiany u niektórych strażników obozu. Jak odkrył Viktor Frankl, jedynym rozwiązaniem problemu ludzkiego cierpienia jest wznieść się ponad względną rzeczywistość obiektywnego świata.

Amma mówi, że kiedy nasz sąsiad boryka się z problemem, potrafimy pocieszyć go i udzielić mu rady. Lecz kiedy samy znajdujemy się w podobnej sytuacji, przerasta nas ona. Powinniśmy nauczyć się podchodzić do własnych problemów z takim samym dystansem, z jakim traktujemy problemy sąsiadów. Pogłębianie dystansu jest równoznaczne z pogłębianiem świadomości. W rzeczywistości nie jesteśmy swoimi problemami. Nie jesteśmy też ciałem, umysłem ani intelektem, które doświadczają problemów. Naszą Prawdziwą Naturą jest Czysta Świadomość, która sama nie doświadcza niczego, za to umożliwia wszelkie doświadczenie. Ta obserwująca świadomość jest absolutną rzeczywistością. Powinniśmy nauczyć się utożsamiać z obserwującą świadomością i stać się świadkiem problemów, nie zaś ich uczestnikiem. Ten rodzaj świadomości pomoże nam zidentyfikować się z absolutną rzeczywistością oraz uniknąć stłamszenia przez udręki ziemskiego życia.

Gdybyśmy potrafili wejść do świata snów, nie zapominając o stanie jawy, wiedzielibyśmy, że wszystko, co pojawia się we śnie, jest naszą kreacją. Gdybyśmy wówczas spotkali w swoim śnie kogoś, kto nie wierzyłby w istnienie stanu jawy oraz istot w nim przebywających, poradzilibyśmy mu, żeby obudził się i zrozumiał, że w rzeczywistości to on jest istotą ze stanu jawy.

Tak samo nie potrafimy jeszcze zaakceptować, że istnieje inna rzeczywistość ponad tą ani że wszystko, co widzimy, czujemy i czego doświadczamy, jest naszą własną kreacją. Amma, świadoma tej prawdy, chciałaby, abyśmy my również ją zrozumieli, stając się jak ten, kto wkracza do świata snów, nie zapominając o swym istnieniu w stanie jawy.

Niedawno, kiedy Amma prowadziła program w Trivandrum, prawie wszyscy rezydenci aszramu udali się w trzygodzinną podróż do tej miejscowości. W noc poprzedzającą program Amma niespodziewanie o pierwszej opuściła swój pokój. Chodziła od sali do sali w szkole, w której spaliśmy, zapalając światła i budząc swe dzieci. Stając w drzwiach, z czarującym uśmiechem prosiła, aby wyszły i popracowały przez godzinę czy dwie nad oceanem, na miejscu programu. Do następnego wieczora trzeba było ustawić tysiące krzeseł i Amma wiedziała, że w pełnym słońcu praca będzie nie do wytrzymania. Nikogo nie zmuszała, ale powiedziała, że ci, którzy czują się zainspirowani, mogliby wstać i się tym zająć. Przeważnie gdy ktoś budzi nas w środku nocy, nie jesteśmy zadowoleni z jego wizyty, szczególnie kiedy prosi nas o kopanie długich na sto metrów rowów na piaszczystej plaży. Lecz ponieważ zrobiła to Amma, wszyscy byli w ekstazie. Wiedzieli, że chciała im jedynie oszczędzić trudu pracy w słońcu, i ochoczo przystąpili do działania. To jest sekret Ammy. Jej dzieci nie mają wątpliwości, że Amma zawsze ma na uwadze ich dobro, nigdy własne. Dlatego tak wielu za Nią podąża. W ten sposób udało Jej się stworzyć armię oddanych wolontariuszy. Kiedy wzywa nas do obudzenia się ze snu, wiemy, że chce nas poprowadzić do lepszego, jaśniejszego świata niż ten, który obecnie zamieszkujemy.

Jakiś czas temu dwutygodniowy noworodek został przyniesiony do Ammy na darszan. Biorąc dziecko w ramiona, Amma zaczęła dmuchać mu w twarz. Noworodek nie zareagował. Amma dmuchnęła ponownie, ale wciąż nie było reakcji. Dziecko głęboko spało. Lecz Amma nie poddawała się - dalej łagodnie dmuchała na oczy oraz twarz małego. W końcu jego rączki zaczęły drgać. Wydawało się, że zaraz się poruszy, lecz z powrotem zapadł w głęboki sen. Amma kontynuowała i jego powieki lekko się rozchyliły. Wszyscy zaczęli bić brawo, zachęcając Ammę do dalszych starań oraz mając nadzieję, że dziecko obudzi się i stanie się świadome tej błogosławionej chwili. Ale oczy dziecka ponownie się zamknęły. Amma jednak nie przestawała dmuchać. Nie zniechęciła się pomimo wielokrotnej porażki. W końcu dziecko obudziło się i spojrzało na Nią.

Amma postanowiła obudzić nas i niezależenie od tego, jak długo to potrwa i jak wiele razy zaczniemy się poruszać, a następnie znów zapadniemy w głęboki sen, nie podda się. Obyśmy wszyscy obudzili się wkrótce.

Rozdział 4

Objaśnienie przyciągania

„Ten, kto zapanował nad własną duszą, przyciągnie do siebie wiele innych dusz".

– Thiruvalluvar

Wiele lat temu, zanim przybyłem do aszramu, słynna aktorka u szczytu kariery pokazała się nieopodal miejsca, w którym mieszkałem. Zebrało się wokół niej mnóstwo młodych ludzi, licząc na autograf, uścisk dłoni oraz wspólne zdjęcie. Kilka dekad później, kiedy byłem w drodze na program, który miałem poprowadzić, w innym miejscu natrafiłem na tę samą aktorkę. Teraz jednak była starszą panią i zauważyłem, że poza kilkoma opłacanymi sekretarkami nikt przy niej nie stał. Cała młodzież tłoczyła się wokół innej, znacznie młodszej aktorki. Młoda aktorka promieniała blaskiem z powodu poświęcanej jej uwagi, wyraźnie nieświadoma, że pewnego dnia podzieli los starszej aktorki.

W życiu wiele rzeczy, miejsc i osób przyciąga naszą uwagę, lecz z czasem tracą one swą atrakcyjność. Jeśli pociąga nas fizyczne piękno danej osoby, kiedy piękno przeminie, nasz zachwyt zmaleje.

Nie oznacza to, że powinniśmy myśleć o przyszłości ze smutkiem. Powinniśmy raczej z pokorą zaakceptować, że świat jest zmienny. Dopiero gdy pogodzimy się z tym faktem, zaczniemy dążyć do osiągnięcia tego, co niezmienne, czyli naszej Prawdziwej Jaźni. Amma mówi też, że niezależnie od tego, czy śmiejemy się, czy płaczemy, dni mijają, zatem możemy równie dobrze się śmiać. Wspominając Jej słowa, chciałbym opowiedzieć dowcip.

Pewna kobieta w średnim wieku dostała zawału i została zabrana do szpitala. Na stole operacyjnym przeżyła śmierć kliniczną. Widząc przed sobą ponurą postać z kosą, wydusiła z siebie: „Czy mój czas już minął?".

Śmierć odparła: „W zasadzie to nie. Będziesz żyć jeszcze czterdzieści trzy lata, dwa miesiące i osiem dni". Kobietę tak ucieszyła ta wiadomość, że doszedłszy do siebie po operacji, postanowiła zostać w szpitalu dłużej i zrobić sobie lifting, botoks oraz korektę brzucha. Zdecydowała się również na ufarbowanie włosów i wybielenie zębów. Skoro zostało jej jeszcze tyle życia, chciała je w pełni wykorzystać. Po ostatnim zabiegu w końcu opuściła szpital. Gdy po drodze do domu przechodziła przez ulicę, potrąciła ją karetka.

Kiedy ponownie ukazała jej się ponura postać, poskarżyła się: „Powiedziałaś mi, że mam przed sobą jeszcze czterdzieści trzy lata życia. Dlaczego nie odciągnęłaś mnie, kiedy jechała karetka?".

Śmierć odparła: „Przepraszam, nie poznałam cię".

Oczywiście przyciąganie nie musi być wyłącznie fizyczne. Może nas pociągać czyjaś osobowość, talenty lub inteligencja. Przyciąganie mentalne może trwać dłużej niż fizyczne, lecz ono również jest tymczasowe. Kiedy dwoje ludzi rozwodzi się z powodu „niedających się pogodzić różnic", wiemy, że ten drugi rodzaj przyciągania również zanikł.

Pewna kobieta próbowała pocieszyć przyjaciółkę, kiedy ta złożyła pozew o rozwód. Nagle przyjaciółka powiedziała: „Wiesz, powinnam go była zostawić tuż po miesiącu miodowym".

„Dlaczego?" - zapytała kobieta.

„Bo obiecał, że pojedziemy nad Niagarę, a zabrał mnie tylko do myjni samochodowej".

Istnieje jednak również trzeci rodzaj przyciągania - takie, które nigdy nie przemija. Jest to przyciąganie do Atmy, czyli Najwyższej Jaźni. Tego rodzaju przyciągania doświadczamy, kiedy patrzymy na Ammę. Większość z nas musi się bardzo starać, aby utrzymać na sobie czyjąś uwagę. Nawet komik musi bez przerwy rozśmieszać, aby ludzie nie przestali go słuchać. Lecz w przypadku Ammy jest inaczej. Nieważne, co mówi czy robi, ludzie nie są w stanie oderwać od Niej oczu.

Podczas jednej z ostatnich tras zagranicznych pod koniec programu Amma bawiła się zabawkami, które ktoś Jej podarował. Strzelała z procy lalką w kształcie małpki, wyrzucając ją w powietrze. Widząc to, wszyscy śmiali się i zachwycali. Gdybym robił to ja, nie sprawiłbym takiej radości ludziom. Mogliby nawet poinformować Ammę, że coś jest nie tak z jednym z Jej Swamich. Ale kiedy robiła to Amma, wierni byli przeszczęśliwi.

Nawet kiedy Amma robi coś zwyczajnego, wszyscy dookoła Niej są oczarowani. Pewnego ranka w swoim aszramie w Madurai podczas południowoindyjskiej trasy w 2007 roku Amma postanowiła przygotować tradycyjny słodki keralski przysmak unniappam. Kiedy dowiedzieli się o tym członkowie aszramu i pozostali wierni, natychmiast pospieszyli na dach, na którym smażyła słodycze. Gdyby robił to ktokolwiek inny, nikt nie przyszedłby popatrzeć - każdy raczej znalazłby sobie lepsze zajęcie. Ale Ammę smażącą unniappam przez następne pół godziny oglądało trzysta dorosłych osób. Padło przy tym niewiele słów, zarówno ze strony Ammy, jak i Jej dzieci, a mimo to każdy był wniebowzięty. Ludzie śledzili każdy Jej ruch i gest. Co było w tym fascynującego? Dlaczego wszyscy tak się zachwycali? Z pozoru była to tylko kobieta smażąca słodki przysmak. Ale z powodu naszego uwielbienia dla Ammy każdy przedmiot, którego Ona używa, każde miejsce, w którym przebywa, i każda czynność, którą wykonuje, jest dla nas atrakcyjna. Dlaczego jednak Amma tak bardzo nas zachwyca?

Amma odpowiada na to pytanie sama. „Dojrzały owoc kusi nas swą soczystością. Kwitnący kwiat wydaje się nam piękny i atrakcyjny. Podobnie ten, kto poznał prawdziwą naturę Jaźni, jest jak w pełni rozkwitnięty kwiat oraz w pełni dojrzały owoc".

Każdą z Boskich cnót można przyrównać do płatka tego w pełni rozwiniętego kwiatu. Jeśli zapytamy dziesięć osób, dlaczego podoba im się Amma, możliwe, że otrzymamy dziesięć różnych odpowiedzi. Niektórzy zachwycają się Jej cierpliwością, inni pokorą, jeszcze inni czystością, współczuciem i bezwarunkową miłością. Niektórzy podążają za Nią ze względu na Jej wiedzę o Atmie, czy też Prawdziwej Jaźni. Bhadżan „Manase Nin Swantamayi", który Amma często śpiewa, zawiera wers: „Pan przyciąga dusze przesiąknięte uwielbieniem, tak jak magnes przyciąga żelazo".

Ten sam bhadżan mówi, że przyciąganie czujemy zawsze do duszy, nie do ciała, które dusza zamieszkuje. Amma śpiewa:

„Nawet twoja ukochana, dla której tak się starałeś, nie dbając o własne życie, przestraszy się na widok twego martwego ciała i nie będzie ci towarzyszyć w twej pośmiertnej podróży". Kiedy z ciała ulatuje dusza, przestaje być ono dla nas atrakcyjne. Tak naprawdę w naturalny sposób pociąga nas dusza. Kochamy ciało dlatego, że zamieszkuje je dusza.

Podczas północnoamerykańskiej trasy Ammy w 2007 roku na lotnisku w Seattle, kiedy odlatywaliśmy do Kalifornii, miał miejsce pewien incydent. Staliśmy w kolejce do odprawy osobistej, gdy pracownik ochrony podszedł do jednej z podróżujących z nami indyjskich wiernych. Przyglądając się jej, zapytał: „Czy to twoją twarz widziałem na plakacie z tyłu autobusu w Seattle?". Lekko zakłopotana, wierna odparła, że to nie ona, ale że kobieta, o którą mu chodzi, za chwilę przyjdzie". Właśnie wtedy zjawiła się Amma, ustawiając się w jednej z kolejek do odprawy, około pięciu metrów od stanowiska ochroniarza. Kiedy wierna wskazała Ammę ochroniarzowi, zapytał niewinnie: „Czy naprawdę przytuliłaby mnie, gdybym o to poprosił? Nie pomyślałaby, że to dziwne?".

Wierna zapewniła go, że Amma tuli każdego, kto do Niej przychodzi, ponieważ widzi wszystkich jako swoje dzieci. Nie spuszczając wzroku z Ammy, ochroniarz kontynuował: „A gdybym zechciał po prostu potrzymać Ją za rękę? Czy miałaby coś przeciwko, gdybym na chwilę podszedł i potrzymał Ją za rękę?".

Wierna powiedziała, że na pewno nie będzie z tym problemu. Z umocnioną pewnością siebie ochroniarz zaczął przemieszczać się w kierunku Ammy, lecz zorientował się, że nie ma kto go zastąpić na stanowisku, i w końcu zrezygnował z pomysłu, zadowalając się oglądaniem Ammy z odległości.

Ochroniarz wpatrywał się w Ammę jak zahipnotyzowany, dopóki nie zniknęła mu z oczu. I mimo iż nie mógł wraz z Nią wsiąść do samolotu, jego uskrzydlone serce uniosło się w przestworza. Jedynym biletem, jakiego potrzebował, była niewinność.

Mimo iż Boskość obecna jest w każdym, stopień, w którym się przejawia, zależy od czystości naszego umysłu. Ponieważ umysł Mahatmy jest nieskazitelnie czysty, Boskość emanuje z niego silniej niż z umysłu przeciętnej osoby. Aby zilustrować ten fakt, Amma posługuje się przykładem dwóch żarówek - o wysokiej i o niskiej mocy. Prąd płynący przez obie żarówki jest ten sam, lecz jedna emituje więcej światła niż druga. Podobnie umysł Mahatmy jest tak czysty, tak spokojny, że nawet osoby znajdujące się w jego pobliżu odczuwają ten spokój. Przypomina to teorię wibracji współczulnych. Kojarząc spokój, którego doświadczamy w obecności Mahatmy, z Jego postacią, pragniemy jak najczęściej z Nim przebywać. To przyciąganie jest przyciąganiem do Atmy, naszej Prawdziwej Jaźni. Dlatego fizyczny wygląd oraz osiągnięcia Mahatmy nie są tak istotne. Pewien Mistrz duchowy nie robił nic szczególnego. Po prostu siedział, z przepaską na biodrach, nie mówiąc wiele, i tak się zestarzał. Ale ludzie nigdy nie przestali go odwiedzać, ponieważ jego postać emanowała spokojem i miłością.

Istnieje historia o słynnym poecie i działaczu wolnościowym, Subrahmanii Bharati. Mieszkał on przez pewien czas w Pondicherry, gdzie pojawiał się często bezdomny w łachmanach, z tobołkiem brudnych ubrań i bezwartościowych klamotów na ramieniu. Mieszkańcy miasta nie mogli znieść jego widoku i kiedy się zbliżał, przechodzili na drugą stronę ulicy, a nawet przeganiali go. Poeta natomiast dostrzegł w oczach bezdomnego szczególny blask i poczuł emanującą z jego wnętrza niezbadaną siłę. Pewnego dnia podszedł do mężczyzny i zapytał: „Mimo iż każdy tutaj zdaje się tobą brzydzić, czuję, że jest w tobie o wiele więcej niż to, co widać gołym okiem. Czy możesz mi powiedzieć, kim naprawdę jesteś?".

Bezdomny roześmiał się, a następnie odparł tajemniczo: „Poproś mnie o coś - o co tylko zechcesz. Wówczas dowiesz się, kim jestem".

Nie mając nic do stracenia, a potencjalnie wiele do zyskania, poeta wyjawił bezdomnemu swe najskrytsze pragnienie. „Najbardziej ze wszystkiego" - powiedział - „chciałbym na własne oczy ujrzeć Bogini Kali".

„Pójdź za mną" - powiedział bezdomny, po czym odwrócił się i wyruszył w drogę.

Poeta, po części sceptycznie nastawiony, lecz jednocześnie podekscytowany, podążył jego śladem.

Mężczyzna zaprowadził poetę do studni, a następnie poprosił go, aby spojrzał w dół, na stojącą w niej wodę.

Poeta bez wahania wypełnił jego polecenie, po czym zastygł w bezruchu. Na powierzchni wody zamiast własnego odbicia ujrzał twarz Kali w pełni Jej chwały. Kiedy wizerunek zniknął, poeta spojrzał z powrotem na bezdomnego i zobaczył go w zupełnie innym świetle. „Wyglądasz tak niechlujnie i odpychająco" - wyznał - „ale w swym wnętrzu nosisz Bogów".

„Na zewnątrz jestem brudny" - przyznał szczerze Mahatma - „ale wewnątrz czysty. Dlatego widzę Boga i mogę Go też pokazać innym". Powiedziawszy to, znów się roześmiał, jak gdyby dobrze się bawił, po czym samotnie się oddalił.

Amma mówi, że nawet jeśli nie jesteśmy tego świadomi, ktoś zawsze bierze z nas przykład. (Mądrze jest o tym pamiętać, kiedy mówimy i działamy). My również naśladujemy tych, którzy nam się podobają. Możemy naśladować ich fryzurę, chód, ubiór, jak również styl życia i podejmowane decyzje. Kiedy popularny aktor widziany jest z papierosem, sprzedaż papierosów wśród młodzieży gwałtownie wzrasta. Kiedy ktoś popełni straszne przestępstwo, w następnych dniach zostaje ono powielone przez innych. W takich sytuacjach naśladowanie jest oczywiście niebezpieczne.

Pewien misjonarz po raz pierwszy przybył do hiszpańskojęzycznego kraju. Pragnąc nauczyć się hiszpańskiego, odwiedził jeden z miejscowych kościołów i usiadł w pierwszym rzędzie. Aby nie wyjść na głupca, wybrał z tłumu jedną osobę i postanowił wzorować się na niej. Wiernym, na którego padł jego wzrok, był mężczyzna siedzący w pierwszym rzędzie. Kiedy chór śpiewał, mężczyzna klaskał, zatem misjonarz również zaczął klaskać. Kiedy mężczyzna wstał do modlitwy, misjonarz uczynił to samo. Kiedy mężczyzna usiadł, misjonarz również usiadł.

Później, w trakcie nabożeństwa, mężczyzna wstał ponownie, zatem misjonarz poszedł za jego przykładem. Nagle zapadła cisza. Kilka osób westchnęło. Misjonarz rozejrzał się wokół i zobaczył, że nikt inny nie stoi.

Po nabożeństwie misjonarz poszedł przywitać się z księdzem. „Rozumiem, że nie mówisz po hiszpańsku" - zauważył ksiądz.

Misjonarz odparł: „To prawda. Czy było to widać?".

„Nie, dopóki nie ogłosiłem, że w rodzinie Acosta przyszedł na świat chłopiec, i nie poprosiłem dumnego ojca, aby powstał".

Mówi się: „Wygląd jest tak mylący, że ludzie, tak jak opakowania z jedzeniem, powinni nosić na sobie etykietkę z listą składników". Wyobraź sobie przystojnego mężczyznę, z którego etykietki wynika, że zawiera on tylko dziesięć procent zalecanej dziennej dawki dobroci, natomiast aż dwieście procent dopuszczalnej dziennej dawki arogancji. Jak wiele kobiet będzie się do niego przymilać? Po przeczytaniu jego listy składników uciekłyby, gdzie pieprz rośnie. Z kolei na etykietce pięknej kobiety przeczytamy, że zawiera ona tylko pięć procent zalecanej dziennej dawki cierpliwości, natomiast aż dwieście pięćdziesiąt procent dopuszczalnej dawki zazdrości. Za to etykietka Mahatmy będzie jak multiwitamina pozytywnych cech, z tysiącem procent zalecanej dziennej dawki cierpliwości, miłości, dobroci, współczucia i spokoju, a także z zerem procent negatywnych cech.

Niestety takie etykietki dla ludzi nie istnieją. Musimy zatem użyć własnego rozsądku, kiedy ktoś wydaje nam się atrakcyjny. Powinniśmy zagłębić się w siebie i zrozumieć, jakiego rodzaju przyciągania doświadczamy, a także spróbować pielęgnować w sobie przyciąganie, które jest trwałe i korzystne dla nas. Chodzi tu oczywiście o przyciąganie do Prawdziwej Jaźni. Kiedy pociąga nas Prawdziwa Jaźń przejawiona w postaci Mahatmy, nasze życie zmienia się na lepsze. Amma mówi: „Nawet jedno spojrzenie, słowo lub czyn Mahatmy może nas odmienić".

Jeśli pociąga nas zwykła istota ludzka, często stajemy się od niej całkowicie zależni, tracąc wszelką swobodę. Lecz jeśli pielęgnujemy w sobie uwielbienie dla Mistrza, przemienia nas On z zależnych w niezależnych, prowadząc nas do odkrycia naszej prawdziwej natury.

Wiele lat temu Amma powierzyła mi zadanie nakładania jedzenia wiernym, którzy odwiedzali aszram. Amma prosiła zawsze, aby serwujący nie przystępowali do posiłku przed innymi. Kiedy wszyscy zjedli, myłem podłogę w stołówce i dopiero wtedy zabierałem się do jedzenia. Z niewiadomego powodu praca ta nie zachwycała mnie szczególnie. Często zastanawiałem się, kiedy Amma przydzieli mi inne zajęcie, lecz pewnego dnia Amma niespodziewanie weszła do stołówki i sama zaczęła serwować, podchodząc do wszystkich wiernych i obsługując ich tam, gdzie siedzieli. Podążyłem za Nią i zacząłem nakładać inną potrawę. Kiedy wierni zjedli, Amma osobiście wyszorowała podłogę pomimo moich protestów.

Następnego dnia w czasie serwowania przypomniałem sobie wizytę Ammy w stołówce i zauważyłem, że mój stosunek do pracy całkowicie się zmienił. Pamiętając, jak Amma wykonywała to zadanie poprzedniego dnia, byłem w stanie wypełniać swe obowiązki z entuzjazmem, zaangażowaniem i miłością. I mimo iż od tamtej pory minęło wiele lat, wciąż żywo pamiętam ten dzień i nigdy nie przepuszczam okazji do nakładania jedzenia wiernym odwiedzającym aszram.

Inny incydent sprzed wielu lat wywarł z kolei ogromny wpływ na jednego z brahmaczarich. Pewnego dnia podczas darszanu Amma zatrzymała się na chwilę, a Jej uwaga zdawała się przebywać gdzie indziej. Po chwili oświadczyła stanowczo: „Krowa płacze". Byłem zdziwiony Jej słowami, ponieważ wokół ludzie głośno śpiewali bhadżany, a obora znajdowała się daleko od chatki, w której odbywał się darszan. Nikt inny nie słyszał płaczu krowy, ale Amma natychmiast wstała, prosząc pozostałych wiernych, aby chwilę poczekali, po czym skierowała się w stronę obory.

Kiedy dotarła na miejsce, zobaczyła, że krowa nie została tego dnia nakarmiona ani umyta i była oblepiona własnymi odchodami. Zawołała ucznia, któremu powierzono opiekę nad krową, i zapytała go, dlaczego zwierzę jest w tak godnym politowania stanie. Brahmaczari wyjaśnił, że tego ranka zaspał i nie chcąc się spóźnić na medytację, zaniedbał swe obowiązki w oborze.

Amma zapytała go wówczas: „Jak byś się czuł, gdyby ktoś zapomniał cię nakarmić lub gdybyś musiał cały dzień chodzić oblepiony brudem, nie mogąc się wykąpać? Wywiązywanie się z obowiązków jest również formą medytacji. W rzeczywistości troska o zwierzęta, które nie umieją nam nawet zakomunikować, czego chcą czy potrzebują, jest tak samo istotna jak medytacja".

Następnie Amma własnoręcznie nakarmiła i umyła krowę. Brahmaczari próbował interweniować, ale Amma uparła się, że zrobi wszystko sama. Doświadczenie to wywarło ogromne wrażenie na tym młodym człowieku, który w dzieciństwie był rozpieszczany i nie przywykł do jakiejkolwiek pracy fizycznej. Kiedy zobaczył, z jak wielką miłością Amma troszczy się o krowę, nigdy już nie zaniedbał swych obowiązków w oborze.

Przed opuszczeniem obory Amma opowiedziała brahmaczariemu następującą historię. Pewien lekarz był bardzo oddany Świętej Matce. Pewnego dnia Matka ukazała mu się podczas medytacji. Kiedy upajał się Jej wizją, nagle usłyszał wołanie przed domem. Natychmiast wstał i pospieszył otworzyć drzwi choremu. Kiedy skończył zajmować się pacjentem, powrócił do swego pokoju modlitewnego. Był bardzo zdziwiony, że zastał Matkę wciąż w tym samym miejscu. Czując się winnym, że kazał Jej czekać, z całego serca przeprosił za opuszczenie Jej. Matka odparła: „Postąpiłeś właściwie. Gdybyś nie udzielił pomocy choremu, natychmiast bym zniknęła. Lecz ponieważ przedłożyłeś szczęście drugiej osoby ponad własne, czułam się zobowiązana na ciebie zaczekać. Bóg zawsze podąża za tymi, którzy z oddaniem służą innym".

Takie przyciąganie - przyciąganie, które Bóg czy Guru odczuwa wobec swych wiernych, pomoże nam na zawsze wykroczyć poza obiektywną rzeczywistość. Podczas europejskiej trasy w 2006 roku pewnego wieczoru na krótko przed darszanem Dewi Bhawa Amma powiedziała: „Myślami jestem w Amritapuri. Wzywają mnie pozostawione w aszramie dzieci". Nie uznałem tego stwierdzenia za szczególnie istotne, lecz później, po darszanie, Amma połączyła się przez internet z rezydentami aszramu. Jej dzieci mogły zobaczyć Ją na dużym ekranie, a Ona ujrzała je, zgromadzone przed kamerą.

Spoglądając z miłością na ich twarze, powiedziała: „Nie widziałam was już od kilku tygodni. Jak się czujecie? Chcecie coś powiedzieć Ammie?".

Słysząc słowa Ammy, wszyscy mieszkańcy aszramu krzyknęli jednym głosem: „Ammaaa! Ammaaa!".

Amma powtórzyła pytanie: „Moje dzieci, nie chcecie nic Ammie powiedzieć?".

W odpowiedzi rezydenci znów jednym głosem krzyknęli: „Ammaaa! Ammaaa!".

Obserwując tę scenę, zrozumiałem, dlaczego Amma jest tak bardzo przywiązana do swych wiernych w Amritapuri.

Ich umysły były wypełnione wyłącznie myślami o Niej. Nie mieli nawet pragnień ani problemów, którymi mogliby się z Nią podzielić - jedynie pozbawioną oczekiwań, niezachwianą miłość. Amma wcale nie faworyzuje mieszkańców aszramu. W tej sytuacji nie miała zwyczajnie wyjścia - musiała o nich myśleć. Amma mówi, że rzeka nie pragnie płynąć w tym czy w innym kierunku. Ona po prostu płynie. Lecz jeśli przy rzece wykopiesz rów, rzeka naturalnie go wypełni. Podobnie kiedy nosimy w sobie silne pragnienie Boga czy Guru, nie pozostawiamy Im wyboru - muszą do nas wyciągnąć pomocną dłoń.

Podczas tej samej trasy miała miejsce inna sytuacja obrazująca siłę przywiązania Ammy do Jej dzieci. Pewnego dnia po długim darszanie Amma skierowała się do mieszczącego się w hali pokoju, w którym spędzała czas pomiędzy porannym a wieczornym programem. Wierni ustawili się po obu stronach ścieżki i Amma dotykała ich dłoni, a także często przystawała, żeby zamienić z kimś kilka słów. Dla wiernych była to jeszcze jedna okazja, aby otrzymać darszan. W pewnym momencie powiedziałem: „Amma, ci ludzie mieli już dzisiaj darszan, a za kilka godzin zobaczą Cię znowu... Mogłabyś w tym czasie odpocząć".

Amma odparła: „Nic nie uszczęśliwia mnie bardziej niż bycie z moimi dziećmi. Myślisz, że po co tu jestem?".

W każdym związku obie strony muszą być sobą nawzajem oczarowane. Spróbujmy więc najpierw zachwycić się Ammą, a następnie stać się atrakcyjni dla Niej. Nie dokonamy tego, strojąc się czy robiąc sobie makijaż, lecz pielęgnując w sobie pozytywne cechy, takie jak dobroć, współczucie i bezinteresowna postawa.

Kilkanaście lat temu mężczyzna z Rameswaram (miasteczka na wschodnim wybrzeżu stanu Tamil Nadu) przyjechał do Ammy po raz pierwszy. Dotarł do aszramu, kiedy Amma skończyła dawać darszan, i musiał zaczekać na swą kolej do następnego dnia. Przez cały ten czas pościł, ponieważ nie chciał jeść, dopóki nie zobaczy Ammy. Kiedy nazajutrz Amma przyjęła go na darszan, w chwili kiedy przytuliła go, wybuchnął płaczem. Amma zapytała, co się stało, a on wyjaśnił, że mieszkańcy jego miasteczka cierpią z powodu ubóstwa. Powiedział, że chciałby coś zrobić, żeby ukoić ich ból, ale nie wie jak. Dodał, że z tego powodu stracił apetyt i popadł w bezsenność. Z całego serca prosił, aby Amma pobłogosławiła miasteczko.

Amma wzruszyła się jego współczującą postawą i zapewniła go, że uczyni co w Jej mocy dla jego braci. Wkrótce zleciła wybudowanie w Rameswaram stu ośmiu domów dla ubogich, utworzyła bezpłatne punkty medyczne, postawiła przychodnię i przekazała fundusze na edukację młodzieży. Później, kiedy budowa domów została ukończona, a pozostałe projekty były w trakcie realizacji, Amma osobiście odwiedziła miasteczko.

Mężczyzna, który prosił Ammę o pomoc, brał aktywny udział w tych projektach i kiedy w 2004 roku w południową Azję uderzyło tsunami, Amma poprosiła go, aby poleciał na Sri Lankę i pomógł nadzorować budowę nowych domów dla ofiar kataklizmu. Była to trudna i niebezpieczna praca - pewnego razu grozili mu nawet mężczyźni z pistoletami. Popracowawszy tam przez jakiś czas, powrócił do Indii i ożenił się. Ale na Sri Lance wciąż było dużo do zrobienia i dwa tygodnie po ślubie zapytał Ammę, czy może tam znów polecieć. Amma powiedziała: „Jesteś pewien? Dopiero się ożeniłeś".

Mężczyzna powiedział Ammie, że świadomy, jak wiele zostało jeszcze pracy, aby życie poszkodowanych wróciło do normy, nie jest w stanie bezczynnie siedzieć. Przed wyjazdem poprosił Ammę o prasad. Kiedy go otrzymał, Amma skomentowała: „Nie musiałeś wcale prosić o prasad. Ty sam jesteś prasadem Ammy".

Mimo iż wypowiedziała te słowa zwyczajnie, było to w rzeczywistości bardzo głębokie stwierdzenie. Kiedy ofiarujemy coś Guru całym swym sercem, nasza ofiara staje się święta i powraca do nas jako prasad. Ten młody mężczyzna ofiarował Ammie swe życie, a Ona przemieniła je w błogosławieństwo dla świata.

Pewnego dnia mały chłopiec siedział na kolanach matki, wpatrując się w nią. Po chwili w jego oczach pojawił się cień wątpliwości i matka, dostrojona do serca dziecka, natychmiast to zauważyła. „Co się stało, synku?" - zapytała.

Oczy chłopca zatrzymały się na ułamek sekundy na dłoni matki, która była strasznie okaleczona - brakowało jednego palca, a dwa inne były złączone ze sobą. „Choć jesteś tak piękna, matko, nie mogę patrzeć na twoją dłoń. Jest tak okropna - kiedy zdarza mi się na nią spojrzeć, odwracam wzrok".

Matka nie poczuła się urażona jego słowami. „Zanim się urodziłeś, u naszych sąsiadów wybuchł pożar" - wyjaśniła. - „Oboje byli w pracy, a z domu dobiegał płacz ich córeczki. Bez zastanowienia pospieszyłam do płonącego domu i jakimś cudem udało mi się uratować dziecko. Natomiast moja dłoń zajęła się wówczas ogniem i dlatego jest taka".

Słysząc słowa matki, chłopiec ujął jej okaleczoną dłoń w swoją i pocałował czule. „Och, mamo, to jest najpiękniejsza dłoń na świecie".

Uroda przemija z wiekiem, a nawet wcześniej nasze fizyczne piękno może zostać nadwyrężone przez wypadek czy chorobę. Zamiast smucić się tą nieuchronną koleją rzeczy możemy pielęgnować w sobie piękny umysł. Kiedy praktykujemy miłość, współczucie, dobroć i cierpliwość, budujemy wewnętrzne piękno, które nigdy nie gaśnie.

Rozdział 5

Klucz do szczęścia

„Od zawsze daję, dlatego ludzie nazwali mnie Matką".

– Amma

„Chciałbym podzielić się z wami tym, czego nauczyłem się od Ammy: Dawaj. Nieustannie dawaj... Nie ma wspanialszej lekcji od przesłania, które Amma ofiarowała mieszkańcom tego regionu, a także Kerali, Indii oraz całego świata".

– były prezydent Indii, dr APJ Abdul Kalam

Pewna kobieta wyjawiła przyjaciółce sekret swego długiego i spokojnego małżeństwa. „Mój maż i ja dwa razy w tygodniu chodzimy do restauracji" - powiedziała. - „Kolacja przy świecach, łagodna muzyka i niespieszny spacer do domu".

„Och!" - wykrzyknęła przyjaciółka. - „To wspaniale, ale przez te wszystkie lata nigdy nie widziałam was razem".

„No tak, bo on chodzi we wtorki, a ja w piątki" - wyjaśniła przyjaciółka.

Niektórzy myślą, że klucz do szczęścia tkwi w unikaniu problemów. Nawet w Indiach, uznawanych przez wielu za duchowe serce świata, w starożytności powstała filozofia zwana Czarwaka, głosząca, że nie ma Atmy, Boga ani Brahmana - kiedy ciało umrze, obraca się w proch i przestaje istnieć. Dlatego

wyznawcy tej doktryny mówili: „Dobrze zarabiaj, jedz do syta i żyj dostatnio. Jeśli nie masz pieniędzy, aby cieszyć się życiem, pożycz od kogoś i pij ghi. W końcu kto wie, kiedy przyjdzie ci umrzeć?".

Niedawno naukowcy zaczęli nawet twierdzić, że szczęście jest genetycznie uwarunkowane i że każdy z nas ma wbudowany termostat szczęścia określony przez nasze geny. Naukowcy mówią, że jeśli wypełnimy swoje życie prostymi przyjemnościami, nie tak bardzo odbiegającymi od tych proponowanych przez wyznawców Czarwaka, możemy podnieść swój stały punkt szczęścia nawet o dwadzieścia pięć procent. Teoria ta zawiera jednak oczywiste błędy. Co w przypadku gdy nie stać nas na przyjemności ani nie mamy od kogo pożyczyć na nie pieniędzy? A nawet jeśli nas stać, to szczęście, które dzięki nim zyskamy, będzie niepełne i krótkotrwałe. Ciało zestarzeje się i umrze, a wcześniej może przydarzyć mu się wypadek. Kiedy ciało doznaje urazów, jego zdolność odczuwania zmysłowych przyjemności zostaje mocno ograniczona. Dlatego warto przyjrzeć się temu, co na temat szczęścia mieli do powiedzenia starożytni święci Sanatana Dharmy, którzy wykroczywszy poza ciało, umysł i intelekt, odkryli trwały spokój i prawdziwą błogość.

Według indyjskich pism istnieją trzy poziomy szczęścia: prija, moda i pramoda. Prija to rodzaj szczęścia osiągany poprzez patrzenie na pożądany przedmiot. Moda ma miejsce, kiedy udaje nam się upragnioną rzecz zdobyć. Wówczas nasze szczęście wzrasta. Szczęście, które czerpiemy z korzystania ze zdobytego przedmiotu jest jeszcze większe. Nosi ono nazwę pramoda.

Przypuśćmy, że obserwujemy, jak ktoś pije karmelowe macchiato. Myśląc o tym smacznym napoju, doświadczamy swego rodzaju ekscytacji - prija. Kiedy zamawiamy napój dla siebie i w końcu trzymamy go w rękach, odczuwamy wyższy rodzaj szczęścia - moda. Ale najwyższy rodzaj szczęścia - pramoda - pojawia się, gdy bierzemy go do ust.

Jeśli zastanowimy się nad tym, dlaczego intensywność szczęścia wzrasta w ten sposób, dokonamy pewnego odkrycia. Pisma mówią, że kiedy cieszymy się upragnionym przedmiotem, odchodzi napięcie spowodowane pragnieniem. Napięcie to - czy też samo pragnienie - nie pozwalało nam doświadczać wiecznie obecnej w nas błogości naszej prawdziwej natury.

Patrząc na to pod innym kątem, możemy powiedzieć, że ma tu miejsce tymczasowe zapomnienie. Przez chwilę zapominamy o pragnieniach i umysł wycisza się. Kiedy myśli ustają, łatwiej jest doświadczyć błogości Atmy.

To samo zjawisko występuje w najwyższym stopniu we wzniosłym stanie samadhi. Błogość pojawia się, gdy porzucamy ego, indywidualną tożsamość. Myśli, pragnienia oraz poczucie „ja" i „moje" są jak chmury przesłaniające światło słońca. Zakrywają one naszą Prawdziwą Jaźń, Atmę, której naturą jest nieskończona błogość. Tak jak słońce świeci mocniej na przejrzystym niebie, podobnie kiedy opróżnimy swój umysł z myśli oraz pragnień, wyraźniej odczujemy błogość naszej Prawdziwej Jaźni. Szczęście nie jest zależne od przedmiotów zewnętrznych, lecz pochodzi z wnętrza.

Widzimy zatem, że nasze szczęście - nawet drobne życiowe przyjemności - nie ma nic wspólnego z przedmiotami, które tak desperacko usiłujemy zdobyć. Jest ono raczej wprost proporcjonalne do stopnia zapomnienia naszego ograniczonego „ja", który udaje nam się osiągnąć, kiedy cieszymy się tymi przedmiotami.

Amma nie potrzebuje żadnej techniki, żeby osiągnąć szczęście - jest ono Jej prawdziwą naturą - lecz daje Ona przykład tym, którzy za Nią podążają. Jedna z ilustrujących to zjawisko sytuacji miała miejsce w 2004 roku w Mangalore, w stanie Karnataka. Nigdy wcześniej na programie Ammy nie widziano takich tłumów. Na miejsce przybyło prawie sto tysięcy ludzi, każdy spragniony uścisku Ammy. Amma weszła na scenę o dziewiętnastej i po satsangu oraz bhadżanach o dwudziestej pierwszej trzydzieści zaczęła dawać darszan. Do szesnastej trzydzieści następnego dnia nie opuściła swego stanowiska, przez ponad dziewiętnaście godzin w zawrotnym tempie bez przerwy przyjmując ludzi. Wszyscy, którzy mieli cierpliwość czekać, otrzymali Jej darszan.

Lecz dla mnie najbardziej niezwykła z całego dnia była nie liczba ludzi, którą Amma przytuliła, lecz Jej postawa po programie.

Można by się spodziewać, że po takim maratonie Amma zrobi sobie tydzień wolnego. Ale Ona nie wzięła nawet pojedynczego dnia urlopu - w rzeczywistości Amma nigdy nie wzięła ani jednego dnia urlopu. Jak zwykle na następny dzień zaplanowany był program w innym miejscu. Ze sceny Amma udała się prosto do samochodu, gdzie spędziła osiem godzin w drodze do Bangalore, kolejnego przystanku na trasie.

Pojechałem do aszramu w Bangalore przed Ammą, aby pomóc w przygotowaniach do programu. Tam otrzymałem od innego Swamiego wiadomość, że darszan skończył się późno. Mając to na uwadze, Swami prosił, abym upewnił się, że Amma nie zostanie zatrzymana przez tłum i będzie mogła przejść prosto z samochodu do pokoju.

Na terenie aszramu przebywało już kilkuset wolontariuszy. Na krótko przed przyjazdem Ammy poprosiłem, aby nie czekali pod pokojem Ammy, lecz nieco dalej, za bramą. Miałem nadzieję, że stając się dla Niej niewidzialni, nie będą zaprzątać Jej uwagi.

Gdy Amma wysiadła z samochodu, powitałem Ją wyłącznie ja i kilku brahmaczarich. Zamierzaliśmy od razu zaprowadzić Ammę do Jej pokoju, lecz nagle stało się jasne, że ma Ona własne plany. Zawracając z klatki schodowej prowadzącej do pokoju, obeszła samochód i skierowała się prosto do bramy, przy której zgromadzili się wierni. Ponieważ jednak nikogo jeszcze nie zauważyła, próbowałem Ją przekonać, żeby udała się prosto do pokoju. Nie patrząc na mnie, Amma zaczęła się głośno zastanawiać: „Dlaczego nikogo tu nie ma? Gdzie są moje dzieci?".

Zanim zdążyłem odpowiedzieć, wierni dostrzegli Ammę i zaczęli Ją wołać. To był koniec - jak woda przelewająca się przez zaporę, ludzie prześlizgiwali się przez, pod i ponad bramą, usiłując przedostać się do Ammy.

Amma nie wycofała się. Dopiero gdy rozdała prasad każdej osobie, zgodziła się pójść do pokoju.

Zatrzymajmy się na moment i zadajmy sobie pytanie: „Czy my też byśmy tak postąpili?". Przypuśćmy, że w jakiś sposób znaleźlibyśmy w sobie siłę, aby tulić dziesiątki tysięcy ludzi - pomijając fakt, że nigdy wcześniej w historii nie odnotowano podobnego dokonania. Czy nie skorzystalibyśmy z pierwszej możliwej okazji do odpoczynku?

Z pewnością każdy z nas dotarł kiedyś do granic swej wytrzymałości. W takich chwilach myślimy zazwyczaj: „Kiedy to się skończy, będę przez tydzień spał". Innymi słowami, nawet w służbie motywuje nas głównie perspektywa czekającej nas w przyszłości własnej przyjemności. Nie działamy zatem w pełni bezinteresownie. Amma jest jednak zupełnie inna. Niedawno dziennikarz zapytał Ją: „Dokonałaś tak wiele zarówno jako przywódca duchowy, jak i działacz społeczny. Co myślisz o swoich osiągnięciach?".

„Zawsze wydaje mi się, że nie robię wystarczająco wiele dla swych dzieci" - odparła, wzruszając ramionami. - „To wszystko, co myślę".

Prawdziwie skromni ludzie nie umniejszają siebie, lecz jedynie mniej myślą o sobie.

Pewien profesor filozofii poustawiał na swym biurku różne osobliwe przedmioty. Po rozpoczęciu zajęć wziął do ręki ogromny pusty słój i w milczeniu zaczął go wypełniać kamieniami. Kiedy kamienie sięgnęły brzegów, profesor zapytał uczniów, czy słój jest pełny. Zgodnie stwierdzili, że tak.

Następnie profesor wziął z biurka mniejsze kamyki i zaczął je wsypywać do słoja. Kamyki oczywiście wypełniły przestrzenie pomiędzy dużymi kamieniami. Profesor ponownie zapytał uczniów, czy słój jest pełny. Przyznali, że tak.

Wtedy profesor sięgnął po pudełko z piaskiem i przesypał jego zawartość do słoja. Piasek wypełnił szczeliny między dużymi a małymi kamieniami.

„Czy teraz słój jest pełny?" zwrócił się do uczniów.

Tym razem uczniowie milczeli, przekonani, że profesor ma w zanadrzu coś jeszcze. I nie mylili się. Spod biurka wyciągnął butelkę wody i przelał płyn do pozornie pełnego słoja.

Podobnie jak w tym przykładzie, zawsze na pierwszy rzut oka wydaje nam się, że zrobiliśmy wystarczająco dużo. Kiedy spełnimy jeden czy dwa dobre uczynki, czujemy się usprawiedliwieni, aby przez resztę dnia odpoczywać, lub mówimy, że nie mamy czasu ani energii, żeby dać z siebie więcej. Lecz Amma spogląda na pozornie pełny słój i dostrzega w nim wolną przestrzeń. W swym napiętym rozkładzie dnia zawsze znajdzie czas na jeszcze jeden akt współczucia. W aszramie wypełnionym po brzegi zawsze zrobi miejsce dla jeszcze jednego ukochanego dziecka. Zanim ukończy jeden charytatywny projekt, inicjuje następne dwa. W Gujarat po trzęsieniu ziemi w 2001 roku żadna organizacja nie chciała się podjąć odbudowy i renowacji większych wiosek. Mimo iż Amma rozpoczęła właśnie ogólnokrajowy projekt budowy domów i aszram nie dysponował żadnymi wolnymi środkami, podjęła się rekonstrukcji trzech największych wiosek, ostatecznie stawiając ponad tysiąc dwieście domów. Podobnie po tsunami w 2004 roku natychmiast zaoferowała odbudowę wszystkich domów w Kerali zniszczonych przez katastrofę. A w 2007 roku, kiedy nikt nie był w stanie powstrzymać fali samobójstw w Maharashtrze, w Kerali i w innych stanach, Amma wyszła z inicjatywą wszechstronnego i szeroko zakrojonego pakietu pomocy.

Jedynym pragnieniem Ammy jest widzieć swe dzieci szczęśliwymi. Lecz zna Ona bardzo dobrze różnicę pomiędzy tymczasowym a trwałym szczęściem i wie, że kluczem do osiągnięcia tego drugiego jest utożsamianie się z całością, nie zaś troska jedynie o własne dobro.

Jeden z brahmaczarich, który reprezentuje organizację Ammy za granicą, opowiedział mi piękną historię o potędze bezinteresownej miłości. Pewien wierny Ammy cierpi na porażenie mózgowe i jest przykuty do wózka. Co ciekawe, zawsze się uśmiecha. Lecz brahmaczari jeszcze bardziej zdziwił się, kiedy przed przyjazdem Ammy do jego kraju zaczął uczęszczać na wszystkie spotkania dla wolontariuszy, mimo że nie był w stanie pracować fizycznie, a nawet wyraźnie mówić.

Podczas wizyty Ammy chciał zadać Jej pytanie. Jako że brahmaczariemu zawsze było go żal, pomyślał, że będzie to z pewnością prośba o uzdrowienie lub inne życzenie związane z jego fizycznym stanem. Kiedy mężczyzna wypowiedział pytanie, brahmaczari nie mógł nawet zrozumieć jego zniekształconej mowy. Gdy jego asystent powtórzył pytanie, brahmaczari bardzo się wzruszył. Pytanie brzmiało:

> *„Droga Ammo, ten kraj jest jednym z najbardziej zamożnych na świecie, lecz czuję, że duchowo jest najbardziej ubogi. Kocham swój kraj, jak więc mógłbym ulepszyć go pod względem duchowym i pomnożyć jego wewnętrzne bogactwo?”.*

Amma spojrzała głęboko w oczy mężczyzny, z miłością, jaką dumna matka odczuwa, kiedy jej syn otrzymuje świadectwo z wyróżnieniem. Z wilgotnymi od łez oczami odparła: „Synu, to dowodzi twego własnego duchowego bogactwa. Z ludźmi takimi jak ty ten kraj z pewnością ma szansę na lepsze jutro, dlatego nie martw się. Twoje niewinne serce i przykład, jaki dajesz, wystarczy, aby zainspirować innych do właściwego działania".

Kiedy wierny odszedł, Amma zwróciła się do brahmaczariego i powiedziała: „Czy teraz rozumiesz, dlaczego jest zawsze szczęśliwy? Mógł poprosić Ammę o fizyczne uzdrowienie, ale z powodu swej bezinteresownej miłości poprosił o duchowe uzdrowienie dla całego kraju. Taka bezinteresowna miłość jest kluczem do szczęścia".

Pewien uczeń poszedł na spacer ze swoim nauczycielem. Podczas spaceru zobaczył leżącą przy drodze parę starych butów. Spoglądając na znajdujące się w pobliżu pole, ujrzał rolnika, który musiał zdjąć buty, aby wejść na podmokły teren. Było późne popołudnie i sądząc po jego zgarbionych plecach oraz zmęczonej twarzy, prawdopodobnie pracował już dłuższy czas. Zwracając się do nauczyciela z figlarnym błyskiem w oczach, uczeń zaproponował: „Zróbmy mu kawał. Schowajmy jego buty i ukryjmy się w wysokiej trawie. Jestem ciekawy jego miny, kiedy nie będzie mógł ich znaleźć".

„Nie sądzę, żeby był to dobry pomysł, mój chłopcze" - skarcił go nauczyciel. „Nie powinniśmy nigdy zabawiać się kosztem ubogich. Ale ty jesteś zamożny i możesz sprawić sobie większą przyjemność za pośrednictwem tego mężczyzny. Włóż po studolarowym banknocie do obu jego butów i wtedy z ukrycia obserwujmy jego reakcję".

Uznając kompromis za korzystny, uczeń zgodził się i wykonał polecenie nauczyciela.

Rolnik wkrótce skończył pracę i wyszedł na drogę, gdzie zostawił buty.

Zaczął wkładać na stopę prawy but, kiedy nagle poczuł, że coś do niego wpadło. Pochylił się, aby zobaczyć, co to za przedmiot. Kiedy znalazł banknot, na jego twarzy odmalowało się zdziwienie. Wpatrywał się w banknot, obejrzał go pod światło, po czym dwukrotnie go obrócił.

Rozejrzał się dookoła, ale nikogo nie zobaczył. W końcu, wzruszając ramionami, schował banknot do kieszeni i zajął się nakładaniem lewego buta. Kiedy odkrył w nim drugi studolarowy banknot, jego zdumienie podwoiło się.

Przepełniony wdzięcznością, upadł na kolana, spojrzał w niebo, a następnie zaczął głośno i z całego serca dziękować. Mówił o swej chorej żonie oraz o dzieciach, które nie jadły porządnego posiłku od tygodnia. Był niezwykle wdzięczny Bogu za ten cud w jego butach.

Kiedy rolnik odszedł, uczeń i nauczyciel opuścili kryjówkę. Uczeń stał jak wryty, a z jego oczu płynęły łzy. „Czy nie jesteś bardziej szczęśliwy, niż gdybyśmy spłatali mu twojego figla?" - zapytał nauczyciel.

Uczeń odparł: „Dałeś mi lekcję, której nigdy nie zapomnę. O wiele piękniej jest dawać niż brać".

„Szczęście jest jak perfumy" - stwierdził nauczyciel. - „Nie możemy skropić nim kogoś innego bez uronienia kilku kropel na siebie".

Niedawno czytałem historię o trzech braciach, którzy wspólnie zdecydowali się na skok spadochronowy. Podczas opadania ich spadochrony splątały się i wyglądało na to, że wszyscy trzej zginą. Lecz jeden z nich wpadł na pomysł. Aby uratować pozostałych dwóch, wyswobodził się ze swego spadochronu i poleciał prosto w dół. Jego akt poświęcenia był tak niezwykły, że cały świat zwrócił na niego uwagę i mówiono o nim w wiadomościach.

W rzeczywistości Amma poświęca się po cichu każdego dnia. Nie dla dwóch osób, lecz dla milionów ludzi na całym świecie, nawet dla obcych, których nigdy nie widziała. A co bierze w zamian? Im bardziej wnikliwie przypatrujemy się Jej życiu, tym wyraźniej widzimy, jak mało odpoczywa, je oraz śpi. Nie jest to tajemnicą. Prawdziwym sekretem, który zna tylko Amma, jest sposób, w jaki udaje Jej się utrzymać to ciało, kiedy od trzydziestu sześciu lat bezustannie oddaje się innym.

W „Przewodniku na ścieżce Bodhisattwy" buddyjski autor Szantidewa pisze:

„Jeśli oddam to, co mam, cóż mi wówczas pozostanie?".
Tak samolubne myślenie właściwe jest demonom.
„Jeśli zatrzymam to dla własnej przyjemności,
cóż pozostanie mi do zaofiarowania innym?".
Tak bezinteresowne myślenie cechuje Bogów.

Amma mówi: „Tylko kiedy patrzymy na innych ze współczuciem, możemy powiedzieć, że spoglądamy do wewnątrz. Boskie nasiono duchowości rozkwitnie jedynie wówczas, gdy będziemy je podlewać współczuciem".

Stwierdzenie to ilustruje historia z życia wielkiego mędrca Ramanudży. Zanim jego Guru, Thirukottijur Nambi, udzielił mu inicjacji, najpierw siedemnaście razy go odrzucił. Za każdym razem musiał pokonywać na piechotę odległość ponad stu kilometrów. W końcu Guru zgodził się go przyjąć, lecz tylko pod pewnymi warunkami. Powiedział Ramanudży, że mantra, którą mu przekaże, zaprowadzi każdego, kto będzie ją powtarzał, do niebiańskiej siedziby Pana Wisznu. Lecz jeśli uczeń podzieli się mantrą z kimkolwiek innym, sam pójdzie do piekła.

Ramanudża przystał na warunki Guru i otrzymał inicjację w mantrę. Lecz zanim jeszcze dotarł do domu, zwołał wszystkich ludzi w swej wiosce i zgromadził ich przed świątynią. Następnie wszedł na świątynną wieżę i zaczął z całych sił wykrzykiwać mantrę. Ogłosił, że otrzymał ją od swego Guru z gwarancją, że każdy, kto będzie ją powtarzał, trafi do siedziby Wisznu.

Kiedy wieść o tym dotarła do Nambiego, bardzo się rozzłościł. Pospieszył do Ramanudży i domagał się wyjaśnienia, dlaczego wyjawił mantrę. Ramanudża odparł, że jeśli jego zejście do piekła ma sprawić, że tysiące pójdą do nieba, jest to niewielkie poświęcenie i z chęcią się go podejmie. Ta głęboko bezinteresowna odpowiedź poruszyła Nambiego tak mocno, że powiedział mu: „Ramanudża, w tym akcie współczucia przewyższyłeś nawet mnie".

W Mahabharacie istnieje historia ilustrująca prawdziwą zdolność poświęcenia. Pod koniec eposu, kiedy po zakończeniu wojny Pandawowie rządzili krajem od ponad trzech dekad, postanowili nagle wyrzec się świata i wyruszyć w ostatnią podróż w święte Himalaje. Była to długa oraz wycieńczająca wędrówka i jeden po drugim zaczęli umierać. W końcu pozostał jedynie Judisztira, który przez całe życie starał się uosabiać dharmę (prawość). Próbował otworzyć swe serce i oczyścić umysł. Choć nie osiągnął oświecenia, żył w zgodzie z naukami swego Guru.

Nagle, ku jego zdumieniu, z góry zstąpił rydwan i zabrał go do nieba. W niebie Judisztira doznał jednak szoku, ponieważ nie ujrzał tam swych braci. Natychmiast zapytał, gdzie oni się znajdują, a w odpowiedzi poprowadzono go ciemnym korytarzem. Z każdym jego krokiem atmosfera stawała się coraz mroczniejsza i straszniejsza. Mijał jeziora ziejące ogniem i sępy ucztujące na stosach trupów. Myśląc, że to jakiś okrutny żart - z pewnością jego bracia nie skończyliby w takim miejscu - Judisztira postanowił zawrócić. Lecz kiedy tylko odwrócił się, usłyszał pozbawione ciał głosy swych braci błagające, by został. „Nie odchodź!" - mówili. - „Twoja obecność tu jest jak chłodna bryza, przynosząca nam ulgę w tej straszliwej udręce".

W tym momencie Judisztira powiedział: „Jeśli moi bracia tkwią w piekle, nie jestem zainteresowany niebem. Jeśli moja obecność zapewnia im choć odrobinę komfortu, jak mógłbym opuścić to miejsce? Odmawiam pójścia bez nich".

Gdy tylko Judisztira wypowiada te słowa, zostaje przeniesiony z powrotem do nieba, wraz ze swymi braćmi. Okazuje się, że jego podróż do piekła została zaaranżowana, aby dopełnić jego zjednoczenia z Boską Świadomością. Będąc gotowym wyrzec się własnego szczęścia dla dobra innych, Judisztira odkrył niebo - prawdziwe niebo. Nie złote miasto wysoko w chmurach, lecz wieczne niebo współczującego serca.

Rozdział 6

Od polegania na innych do samodzielności[1]

„Przez długi czas wydawało mi się, że życie zaraz się zacznie - prawdziwe życie. Ale zawsze coś stało na przeszkodzie, coś trzeba było najpierw załatwić, dokończyć jakiś interes, odbyć jakąś posługę, spłacić jakiś dług. Potem miało się zacząć życie. W końcu zrozumiałem, że wszystkie te przeszkody były moim życiem".

– Alfred D`Souza

Pewien mędrzec zobaczył przygnębionego mężczyznę siedzącego przy drodze. Zatrzymał się obok niego i zapytał, co go trapi.

„Nic mnie nie cieszy" - westchnął mężczyzna. - „Odziedziczyłem tak duży majątek, że nie muszę pracować. Zjeździłem już wszystkie zakątki świata, szukając czegoś bardziej interesującego od życia, które mam w domu, lecz do tej pory nie znalazłem".

Mędrzec wysłuchał cierpliwie skarg mężczyzny. Kiedy tamten skończył, niespodziewanie pochylił się i chwycił jego plecak, po czym zaczął uciekać z nim ile sił w nogach.

---

[1] W oryginale „From Leaning to Learning" - trudna do oddania gra słów (przyp. tłum.).

Mężczyzna rzucił się w pogoń za nim, ale mędrzec dobrze znał teren i z łatwością mu się wymknął. Biegnąc na skróty, szybko znalazł się z powrotem w tym samym miejscu, na długo przed mężczyzną, którego obrabował. Położył plecak przy drodze i czekał na wzburzonego podróżnika.

Wkrótce zziajany mężczyzna pojawił się, jeszcze bardziej zasmucony z powodu swej straty. Kiedy dostrzegł plecak, jego radość nie znała granic.

„To jeden ze sposobów na obudzenie szczęścia" - skomentował oschle mędrzec.

Każdy pragnie dla siebie jak największego szczęścia i jak najmniejszego smutku. Niedawne badania Daniela Gilberta, psychologa z Harwardu, pokazują, że wszystko, co myślimy, mówimy i robimy, jest po to, aby podnieść poziom własnego szczęścia, teraz lub w nieodległej przyszłości. Wydaje się to oczywiste i zrozumiałe, lecz badania wykazały również, że ludzie nie potrafią trafnie przewidywać, jak poszczególne wydarzenia na nich wpłyną. Cele często nie zostają osiągnięte, upragnionych przedmiotów nie udaje się zdobyć, a związki rozpadają się. W większości przypadków nie czujemy się tak szczęśliwi czy tak smutni, jak sobie wyobrażaliśmy. Z duchowego punktu widzenia dzieje się tak, ponieważ szczęście nie znajduje się na zewnątrz, lecz wewnątrz, a przyjemności, których doświadczamy w świecie, są jedynie marnym odbiciem wiecznie obecnego w nas szczęścia Prawdziwej Jaźni.

Co z kolei ze smutkiem? Jeśli nie czujemy się tak smutni, jak się spodziewaliśmy - świat nie zawalił się, kiedy doznaliśmy niepowodzenia - być może smutek nie jest czymś, czego trzeba instynktownie unikać i przed czym trzeba się zawzięcie bronić.

Czy kiedykolwiek zastanawialiśmy się, jak wyglądałoby nasze życie, gdyby każda nasza zachcianka była natychmiast spełniana? Bez żadnych wyzwań i trudności nasze umysły stają się słabe, nasze talenty pozostają w uśpieniu, a nasze umiejętności zanikają. Jako duchowi adepci, zamiast unikać trudności, powinniśmy dostrzegać w nich okazje do wzmocnienia mentalnej siły, rozwinięcia pozytywnych cech i oddania się Bogu.

Dla większości ludzi cierpienie jest nieodłączną częścią życia. Wystarczy zapytać ludzi żyjących w skrajnym ubóstwie i na obszarach zniszczonych przez wojnę - z pewnością powiedzą nam, jak cierpią. Możemy też zapytać Ammę, która wysłuchuje skarg milionów ludzi z całego świata, szukających u Niej pocieszenia, porady i błogosławieństwa.

Wielu z utęsknieniem wyczekuje Złotego Wieku, gdzie cały świat będzie żyć w dobrobycie. Pytają: „Dlaczego ludzkość musi cierpieć?".

Odpowiedzi na to pytanie udziela piękna przypowieść. Pewien książę zapytał swego ojca, króla: „Dlaczego w twoim królestwie istnieją tak duże nierówności? Posiadasz wystarczający majątek, aby uczynić wszystkich bogatymi. Dlaczego tego nie zrobisz? Jednym podpisem mógłbyś usunąć wszelkie cierpienie w tym kraju".

Król, kochając swego syna nad życie, zgodził się spełnić jego życzenie, mimo iż wiedział, że będzie on rozczarowany rezultatem. Polecił swemu skarbnikowi, aby otworzył pałacowe kufry, i rozgłosił, że wszyscy poddani mogą z nich wziąć, ile tylko zapragną. Całe bogactwo jak rzeka zaczęło wypływać z pałacu i wszyscy poddani pławili się odtąd w luksusie, nie wiedząc, jak to jest o coś zabiegać.

Jakiś czas później w pałacu zaczął mocno przeciekać dach. Było to w czasie monsunu i sypialnia księcia wypełniła się wodą. Książę zawołał służących, aby pomogli mu osuszyć pokój, ale powiedziano mu, że wszyscy służący są teraz bogaci, zatem zrezygnowali z pracy i opuścili pałac. Każdego ranka książę musiał za pomocą wiadra wylewać wodę przez okno. Kiedy szukał fachowców do naprawy, okazało się, że w królestwie nie ostali się już żadni pracownicy najemni. Nie było murarzy, stolarzy ani rzemieślników, przez co pałac zaczął popadać w ruinę. Od tygodni nikt nie wynosił śmieci ani nie zamiatał ulic. Poddani zaczęli skarżyć się księciu, gdy tylko wystawił głowę z pałacu. Wszyscy mieli mnóstwo pieniędzy, ale stały się one bezwartościowe. Nikt nie musiał zarabiać, dlatego nikt nie miał motywacji do pracy. Zamiast stworzyć niebo na ziemi książę pogrążył całe królestwo w nędzy. W końcu był zmuszony poprosić króla, aby cofnął swe rozporządzenie. Król ponownie spełnił życzenie księcia. Na jego rozkaz wszyscy poddani zwrócili bogactwo i z powrotem zaczęli pracować. W ten sposób równowaga w królestwie została przywrócona.

Nie chodzi o to, aby zapraszać smutek, lecz raczej aby traktować go jako naturalną i nieuchronną część życia. Nawet jeśli go nie zaprosimy, i tak do nas przyjdzie. Lepiej jest się zatem przygotować, aby zachować się w jego obliczu pozytywnie i konstruktywnie.

Pewien uczeń zasnął z głową na ławce podczas lekcji. Nauczyciel wymierzył mu karę w postaci trzykrotnego przebiegnięcia wokół boiska szkolnego. Uczeń posłusznie udał się na boisko, okrążył je trzykrotnie i powrócił do klasy. Nie wyglądał na skruszonego, lecz orzeźwionego i zrelaksowanego.

Nauczyciel wpadł w furię i nakazał mu robić to samo przed lekcją przez następne dwa dni. Przez kolejne dwa dni uczeń przychodził do szkoły przed czasem i zgodnie z poleceniem nauczyciela okrążał boisko. Lecz kiedy trzeciego dnia nauczyciel zobaczył, że uczeń wciąż biega dookoła boiska, powiedział: „Odbyłeś swą karę. Poleciłem ci robić to jedynie przez dwa dni. Nie musisz kontynuować".

Uczeń odparł pogodnie: „Po pierwszych trzech okrążeniach czułem się tak ożywiony, że dużo łatwiej było mi skupić się na lekcji. Nie chcę tego przerywać!".

Tak jak w tej historii, życie może być albo procesem nauki samodzielności, albo procesem polegania na innych. Albo wyciągamy wnioski z własnych doświadczeń, albo nieustannie szukamy oparcia w ludziach i przedmiotach. W wyborze właściwej ścieżki pomogą nam refleksja, pamięć o Bogu i wyrzeczenie[2].

Pewien dziennikarz zapytał Ammę: „Czy w dzieciństwie przydarzyło Ci się coś, co szczególnie na Ciebie wpłynęło?". Amma odparła: „Wpłynęły na mnie łzy, cierpienie i ból ludzi. Pocieszałam ich i okazywałam im miłość".

W rzeczywistości Amma nigdy nie odczuwała smutku. W tym samym wywiadzie dziennikarz poprosił, aby opowiedziała o błogiej chwili ze swego dzieciństwa, po czym wspomniał o Jej samotnych spacerach wzdłuż plaży, podczas których zanosiła do Boga pieśni. Lecz Amma odparła: „Nie przyzywałam Boga dla własnego szczęścia. Kiedy spacerowałam po plaży, fale przypominały mi jednostajne brzęczenie tambury

---

[2] W oryginale trzy słowa zaczynające się od litery R - Reflection, Remembrance of God, Renunciation (przyp. tłum.).

i śpiewałam do ich akompaniamentu. Nie robiłam tego jednak, aby lepiej się poczuć, ponieważ zawsze byłam szczęśliwa. Uczucia, które wyrażałam w pieśniach, odzwierciedlały smutek i tęsknotę, które widziałam w innych".

Mimo iż Amma wyraźnie odczuwała jedność przenikającą całą kreację, tak bardzo dręczyło Ją cierpienie tych, którzy nie byli w stanie doświadczyć Jej wizji, że z całych sił pragnęła ich pocieszać i nieść im pomoc. Amma mówi: „Kiedy widziałam cierpiących ludzi, zapominałam o sobie i własnych potrzebach. Ocierałam ich łzy i pocieszałam ich. Kładłam ich głowę na swych kolanach lub tuliłam ich do serca. Inni, obserwując mnie, chcieli, abym dla nich uczyniła to samo. Zaczęli ustawiać się w kolejce. W ten sposób narodziła się tradycja darszanu. Ludzie przychodzili i wypłakiwali się. Dzieląc ich smutek, utożsamiałam się z nimi. Kiedy boli nas prawa ręka, lewa automatycznie ją pogłaszcze i zatroszczy się o nią - ponieważ obie ręce postrzegamy jako własne. Tak samo ja nie widziałam tych ludzi jako odrębnych ode mnie".

Na przykładzie Ammy widzimy, że pośród problemów osobistych można nie tylko kochać i zachować spokój, lecz często problemy te pomagają nam również wzrastać i dojrzewać. W sanskrycie tapam oznacza gorąco czy żar, lecz także smutek. Dowodzi to, że smutek dostarcza nam żaru potrzebnego do rozwoju, tak jak rośliny potrzebują ciepła słońca, aby rozkwitnąć.

Z pewnością sprawdziło się to dla jednej Turczynki po ogromnym trzęsieniu ziemi w jej ojczyźnie. Jej słowa cytowano w gazetach. Powiedziała: „Niech Bóg oszczędzi takiego losu moim największym wrogom". To traumatyczne przeżycie otworzyło jej serce. Nagle zaczęła się modlić za tych, których wcześniej uważała za wrogów. Podobna historia o trzęsieniu ziemi dotyczy jednego z brahmaczarich, który udał się do stanu Gujarat w rejony dotknięte kataklizmem, aby pomóc w odbudowie domów. Podczas pobytu w tym miejscu bardzo się rozchorował. Kilku z nas odwiedziło go w szpitalu podczas jego rekonwalescencji. Kiedy weszliśmy do pokoju, spodziewaliśmy się, że zacznie uskarżać się na ból lub poprosi o lepsze jedzenie niż to, które serwują w szpitalu. Lecz on jedynie zapytał: „Czy ktoś jeszcze zapadł na tę chorobę?".

Powiedzieliśmy mu, żeby nie martwił się o innych, lecz skupił się na własnej rekonwalescencji. Kręcąc głową, brahmaczari wyjaśnił: „Ta choroba jest tak nie do zniesienia, że nikt nie powinien przez to przechodzić".

Amma mówi, że Bóg nie karze nas, ale wszechświat rządzi się pewnymi uniwersalnymi prawami, które nas obowiązują. Jak mówi powiedzenie: „Nie możesz złamać prawa, możesz jedynie złamać siebie, postępując wbrew prawu". Każde doświadczenie ofiarowane nam przez życie jest po to, aby doprowadzić nas do źródła prawdziwego szczęścia, które znajduje się w nas. To od nas zależy, czy właściwie wykorzystamy te okazje, czy nie. Czerpanie jak największej duchowej wiedzy ze wszelkich postaci cierpienia pojawiających się na naszej ścieżce leży wyłącznie w naszym interesie.

Amma pokazuje nam, że przyjmowanie wszystkich sytuacji bez lęku i z otwartym sercem jest znakiem rozpoznawczym prawdziwej duchowości. Mówi Ona: „Spróbujmy zmierzyć się z problemami życia, myśląc: Nic nie może mnie pokonać ani zniewolić. Jestem dzieckiem Boga. Nie uciekaj od życiowych problemów. Unikając ich, pozwalasz im sobą zawładnąć. Prawdziwie duchowa osoba nie boi się strat ani śmierci".

Dwóch przyjaciół poszło do restauracji. Jeden z nich wychylał kieliszek za kieliszkiem. Przyjaciel zapytał go: „Dlaczego tyle pijesz?".

Odparł: „Próbuję utopić swe smutki".

„Czy to działa?" - zapytał przyjaciel.

„Nie" - przyznał z poważną miną. - „Niestety moje smutki nauczyły się pływać".

Życiowe wyzwania zmuszają nas do wyboru pomiędzy tym, co dobre, a tym, co zaledwie przyjemne. To, co zadowala nasze zmysły, przeważnie nie przydaje się w trudnych sytuacjach. Oczywiście nie każdy z nas znajdzie w sobie odwagę potrzebną strażakowi, aby wbiec do płonącego budynku, czy żołnierzowi walczącemu na polu bitwy. Lecz każdy z nas może nauczyć się od Ammy odwagi pozwalającej stawić czoła problemom, które niesie ze sobą życie, nawet jeśli czasem wydaje nam się, że tkwimy w samym środku piekła. Wszyscy możemy rozwinąć w sobie siłę potrzebną do zmierzenia się z wewnętrznymi wrogami w postaci strachu, złości, zazdrości i innych negatywnych cech.

Amma mówi, że okoliczności są jednym z największych sprawdzianów naszego postępu duchowego, ponieważ wydobywają z nas to, co tkwi pod powierzchnią. Nasze lęki i słabości ujawnią się tylko w odpowiednich warunkach - tak samo nasze mocne strony. Amma dostarcza nam okazji do odkrywania naszej wybuchowości, niecierpliwości oraz innych wad.

Pewien odwiedzający aszram mężczyzna z Zachodu zwierzył się jednemu z brahmaczarich ze swojego problemu. Powiedział: „Przed chwilą miałem piękną medytację z Ammą w świątyni.

Nagle wszedł wysoki facet z dużą czupryną i usiadł tuż przede mną, prawie że na moich kolanach, całkowicie zasłaniając mi Ammę. Od razu rozkojarzyłem się i zacząłem myśleć tylko o tym, jak chciałbym go sprać i chwytając za włosy, wyciągnąć ze świątyni".

Kiedy pojawiają się trudności, pomocne jest myślenie, że Bóg nie przymyka w ten sposób swego oka na nasze cierpienie, lecz otwiera nasze oczy na Prawdę. Dojrzałość, jaką zyskujemy w wyniku tych lekcji, usuwa niewiedzę i ego. Być może to właśnie Amma ma na myśli, mówiąc: „Ostatecznie każdy zwróci się do wewnątrz".

Pewna dziewczyna poskarżyła się matce, jak wszystko źle się układa w jej życiu - oblała algebrę, zerwał z nią chłopak, a jej najlepsza przyjaciółka wyjechała. Matka była w trakcie robienia ciasta. Nagle przerwała pracę i zapytała córkę, czy chciałaby spróbować przysmaku. Córka odparła: „Pewnie. Nigdy nie mogę się oprzeć twemu ciastu".

„Dobrze, masz tu trochę oleju" - zaoferowała matka.

„Ble..." - zaprotestowała dziewczyna.

„To co powiesz na kilka surowych jajek?".

„Obrzydliwe, mamo!".

„To może trochę mąki? Albo sody oczyszczonej?".

„Mamo, to wszystko jest okropne!".

Matka odparła: „Dokładnie - wszystkie te rzeczy z osobna wydają się niesmaczne. Ale kiedy połączysz je we właściwy sposób, powstanie z nich pyszne ciasto".

Często zastanawiamy się: „Czym sobie na to zasłużyłem?" albo „Dlaczego Bóg mi to zrobił?". Oczywiście ostatecznie wszystko, co na nas spada, wynika z naszych wcześniejszych czynów, dokonanych w tym lub w poprzednich wcieleniach. Prawdą jest jednak również, że wszystkie istoty podążają w kierunku ostatecznego wyzwolenia, zatem trudne sytuacje oraz nieprzychylne okoliczności stanowią okazję do nauki i rozwoju. Często jednak zamiast lasu widzimy drzewa, nie dostrzegając wyższego dobra kryjącego się za wydarzeniami w naszym życiu.

Amma opisuje postawę, jaką uczeń powinien przyjąć, stawiając czoła swej karmie: „Duchowy aspirant nie przejmuje się, kiedy dotyka go cierpienie. Wie, że karma jest jak strzała wypuszczona z łuku. Nic nie może jej powstrzymać. Strzała może go drasnąć, zranić, a nawet zabić, ale dla niego nie stanowi to problemu. Nie będzie uchylać się od swej karmy, ponieważ wie, że jest to proces usuwania plam stworzonych przez niego w przeszłości, w jednym z wcieleń. Ponadto prawdziwy aspirant może zawsze liczyć na opiekę i łaskę Guru".

Spójrzmy na mistrza gimnastyki, skaczącego z jednego trapezu na drugi, trzymającego się kostek partnera, wykonującego salta w powietrzu i inne sztuczki z promiennym uśmiechem na twarzy. Możemy pomyśleć, że robi to dla pieniędzy, dla sławy lub być może ponieważ po prostu to lubi. Lecz tym, co pozwala mu wykonywać tę pracę z tak wielką pewnością siebie i gracją, bez lęku o to, że spadnie, jest niezachwiana świadomość, że pomiędzy nim a ziemią rozpościera się siatka. Podobnie kiedy wiemy, że w ramionach Ammy jesteśmy bezpieczni - że Ona nigdy nas nie porzuci, nawet w obliczu śmierci - nie mamy się czego obawiać, gdyż nic, co spotyka nas w życiu, nie pokona nas.

Amma mówi, że naszym „azylem" jest to, co przynosi nam ulgę. Może to być coś pozytywnego lub negatywnego, wewnątrz lub na zewnątrz. Warto jednak pamiętać, że znajdując azyl w czymkolwiek innym od Boga czy Guru, ostatecznie doznamy rozczarowania i będziemy cierpieć.

Wers pochodzący ze Śrimad Bhagawatam mówi:

Znajdź swe schronienie u świętych mędrców,
Tych, którzy ofiarowali własne życie Bogu,
I ucz się z ich postępowania, jak żyć,
Aby widzieć tylko Jedność w całym bezkresnym wszechświecie.

Kilka lat temu Amma bawiła się z dzieckiem wiernych w basenie. Dziecko było zafascynowane strumieniem wypływającym z jednej ze ścian basenu. Co jakiś czas Amma przykrywała dłonią strumień, blokując przepływ wody, i dziecko wydawało się wówczas zdezorientowane. Po chwili jednak odsuwało rękę Ammy i woda mogła z powrotem swobodnie płynąć. Stopniowo Amma przesuwała swą rękę w górę strumienia, aż w końcu sięgnęła jego źródła i dziecko mogło zobaczyć, skąd woda się wydobywa. W ten sposób udało Jej się przenieść uwagę dziecka ze strumienia na źródło.

Z podobną cierpliwością i wytrwałością Amma postępuje z nami, próbując odwrócić naszą uwagę od świata i skupić ją wyłącznie na Bogu. Tak jak dziecko było początkowo pochłonięte strumieniem, tak nas zachwyca pozorna realność zmieniającego się świata, będącego tak naprawdę wytworem naszego umysłu. I tak jak Amma co chwilę zatrzymywała przepływ wody, tak Bóg co jakiś czas pozbawia nas drogich nam przedmiotów, powodując w nas dezorientację i cierpienie. I tak jak dziecko odsuwało rękę Ammy, by woda znów zaczęła płynąć, tak my opieramy się Jej niestrudzonym wysiłkom ukazania nam prawdziwej natury świata, nie rozumiejąc, że robi to wyłącznie ze współczucia, próbując nas wydostać z iluzji. To właśnie cierpienie pomaga nam przenieść uwagę z przedmiotów materialnych na wewnętrzne źródło wszelkiego szczęścia.

Niedawno dziennikarz telewizyjny zapytał Ammę: „Kiedy myślisz o swoich skromnych początkach, czy nie zastanawiasz się, jakim cudem twoja organizacja tak się rozrosła w tak krótkim czasie?".

Amma odparła: „Nie dziwi mnie to, ponieważ to z małych rzeczy rodzą się rzeczy duże. Nie uważam tego za cud". Następnie dodała: „Gdyby wszyscy na świecie byli szczęśliwi, to byłby cud".

Rozdział 7

Nosisz w sobie diament: duchowość jest prawdziwym bogactwem

„Jeśli chcesz, aby twoje życie było czyste i pozbawione samolubstwa, pośród obfitości rzeczy nie traktuj niczego jako swoje".

– Buddha

Niedawno przeczytałem historię o mężczyźnie, który wygrał sto milionów dolarów na loterii. Kiedy otrzymał pieniądze, wiedział, że jego życie zmieni się z dnia na dzień. Nie miał jednak pojęcia, że ta zmiana nie będzie na lepsze.

Zanim wygrał loterię, był szczęśliwie żonatym, dobrze zarabiającym biznesmenem z trojgiem nastoletnich wnuków. Po wygraniu loterii jego życie rozpadło się. Wielokrotnie włamywano się do jego domu oraz kradziono jego samochody. Wpadł w złe towarzystwo, które jak sam stwierdził, namawiało go do robienia rzeczy, których wcześniej nigdy by nie zrobił. W końcu aresztowano go za jazdę po pijanemu i odebrano prawo jazdy, żona opuściła go, a nastoletnia wnuczka zmarła z przedawkowania narkotyków. Mężczyzna mówi, że chętnie oddałby pieniądze, gdyby tylko mógł odzyskać swe dawne życie.

Im bardziej zatracamy się w świecie, tym bardziej potrzebujemy duchowości. Amma mówi, że w rzeczywistości nie ma różnicy pomiędzy życiem materialnym a duchowym. Duchowość jest po prostu nauką właściwego życia. Zawiera w sobie instrukcje dla ciała, umysłu i intelektu.

Życie jest o wiele bardziej subtelne i złożone, niż nam się wydaje. Aby czerpać pełną korzyść ze wszystkiego, co do nas przychodzi, i żyć szczęśliwie, potrzebujemy pewnej wewnętrznej umiejętności. Musimy zrozumieć, jak właściwie używać przedmiotów materialnych, inaczej nie przyniosą nam one pożytku. Jak wielu ludzi „sukcesu" haruje na luksusowy samochód tylko po to, aby spowodować wypadek pod wpływem alkoholu? Gonimy za bogactwem i komfortem, ale tylko Mistrz duchowy taki jak Amma może nas nauczyć, jak właściwie z nich korzystać. Potrzeba nam siły emocjonalnej pozwalającej zrozumieć naturę świata. Bez niej nie osiągniemy trwałego szczęścia i spokoju.

Nie możemy szukać szczęścia całkowicie odcięci od reszty społeczeństwa, jak gdybyśmy żyli w próżni. Taka postawa lekceważy realia życia oraz prawa natury i wszechświata, w tym proste fakty naukowe.

Niedawno natknąłem się na historię, która ilustruje to stwierdzenie. Średni koszt uratowania foki po wycieku ropy wynosi osiemdziesiąt tysięcy dolarów. Podczas specjalnej uroczystości dwa takie okazy wypuszczono z powrotem na wolność pośród braw i okrzyków. Minutę później obie foki zostały zjedzone przez orki. Wszyscy byli przerażeni i rozczarowani, myśląc, że cały ich wysiłek poszedł na marne. Lecz czy ochrona ekosystemu nie leży w naszym interesie? I czy wieloryb również nie jest częścią ekosystemu? Jako że w ostatecznym rozrachunku środowisko na tym zyskało, nie można powiedzieć, że nie miało to sensu, choć z pewnością rozmijało się z oczekiwaniami ludzi, którzy byli niepocieszeni.

Mimo iż starania osób zaangażowanych w ten projekt były godne pochwały, możemy zaobserwować, że całkowicie skupiając się na dobrobycie fok, działacze zapomnieli o dzikim aspekcie natury, w wyniku czego przeżyli rozczarowanie. Podobnie gdy robimy coś w dobrej wierze, często nieświadomie przywiązujemy się do rezultatu. Kiedy rzeczy nie układają się po naszej myśli, tracimy entuzjazm do pomocy innym i wdrażania pozytywnych zmian na świecie. Przeważnie to nie dobro ogółu, lecz nasze oczekiwania i pragnienia warunkują nasze reakcje na różne sytuacje.

Historia z młodości wielkiego świętego Tulsidasa pokazuje, jak pragnienia i przywiązania mogą nas zaślepić. Kiedy pewnego dnia Tulsidas przebywał poza domem, jego żona otrzymała wiadomość od rodziców z prośbą o pilne przybycie. Mieszkali oni w wiosce po drugiej stronie Gangesu. Kiedy Tulsidas wrócił i nie zastał żony, stał się niespokojny. Chciał ją natychmiast zobaczyć, dlatego postanowił udać się do domostwa teściów. Mocno padało i rzeka wezbrała. Mimo iż nie umiał pływać ani nie znalazł łódki, nie zniechęcił się. Ujrzawszy martwe ciało unoszące się na wodzie, chwycił się go i z jego pomocą przekroczył rzekę. Kiedy dotarł na miejsce, było bardzo późno i zastał dom zamkniętym. Nie zamierzając czekać do świtu, wdrapał się po ścianie aż pod sam dach i złapawszy się czegoś, co wydawało mu się liną, próbował przez okno prześlizgnąć się do sypialni żony. Lina jednak, gdy tylko wziął ją do ręki, okazała się być wężem, i w rezultacie wylądował na stercie ubrań leżącej na podłodze w sypialni. Był przemoczony i w podartej koszuli, a także śmierdział zwłokami. Nie rozpoznawszy go, żona krzyknęła: „Złodziej!".

Tulsidas próbował ją uspokoić, mówiąc: „Nie jestem zwykłym złodziejem, lecz złodziejem twego serca".

Żona nie była zachwycona. „Czy jesteś aż tak przywiązany do kobiety, że nie możesz jej zostawić nawet na jedną noc? Gdybyś miał choć połowę takiego przywiązania do Pana Ramy, już dawno byś się z Nim zjednoczył".

Na te słowa w Tulsidasie nastąpiła całkowita transformacja. Resztę swego życia spędził, kontemplując Pana Ramę, i skomponował nawet własną wersję Ramajany, Ram Czarit Manas, która po dziś dzień jest w powszechnym użytku.

Tak jak Tulsidas był zaślepiony swym pragnieniem, tak my również często tracimy z oczu pełny obraz sytuacji, szukając natychmiastowego spełnienia. Lecz kiedy odkryjemy ograniczenia pragnień, naturalnie zwrócimy się do wewnątrz.

Połowę swego życia spędzamy, zastanawiając się, jak właściwie wykorzystać zaoszczędzony dzięki pośpiechowi czas. Ostatecznie myślimy: „Miałem tak wspaniałe życie, szkoda tylko, że nie uświadomiłem sobie tego wcześniej". Nie chcę przez to powiedzieć, że esencją duchowości jest pasywność. Gdyby tak było, wszystkie nieruchome drzewa i skały byłyby największymi mędrcami na świecie. Potrzebne jest jednak działanie pozbawione przywiązania do rezultatów. Powinniśmy wziąć przykład z Ammy, która działa ze spokojem i opanowanym umysłem.

W Bhagawad Gicie Kryszna mówi do Ardżuny:

Dūreṇa hyavaraṁ karma buddhiyogād-dhanaṁjaya
Buddhau śaraṇam anviccha kṛpaṇāḥ phalahetavaaḥ

Działanie wynikające z określonych pobudek jest,
O Dhanandżaja, o wiele niższe
od działania bezinteresownego.
Szukaj schronienia w równowadze umysłu.
Biada tym, którzy pragną własnych korzyści.

Mniejsze zaangażowanie uczuciowe nie oznacza mniejszej ilości energii - raczej mniej energii tracimy wówczas na emocje, dzięki czemu pozostaje nam więcej na pomoc innym. Jest to najbardziej efektywna metoda zarządzania zasobami: wykorzystanie naszej ograniczonej ludzkiej energii w sposób najbardziej skuteczny dla dobra świata. Osoba, którą rządzą emocje, nigdy wiele nie zrobi. Ważnym aspektem zarządzania w każdej dziedzinie jest ograniczenie strat i zwiększenie wydajności. Nieposkromiony umysł traci czas i energię poprzez gwałtowne reakcje na sytuacje, rozpamiętywanie przeszłości oraz lęk o przyszłość. Taki umysł jest również mniej sprawny, ponieważ nie potrafi dobrze ocenić sytuacji. Prawdziwych ludzi sukcesu cechuje stabilność i elastyczność umysłu, a także cierpliwość, zdolność wybaczania i inne pozytywne cechy.

Kiedy z bliska przyjrzymy się Ammie, zauważymy, że Ona nigdy nie traci czasu ani energii. Nawet w trakcie darszanu zajmuje się setką innych rzeczy: udziela wywiadów, odpowiada na pytania dotyczące kierowania Jej instytucjami, poświęca uwagę wiernym, którzy potrzebują osobistej porady, dba o komfort gości, udziela inicjacji w mantrę i nadaje duchowe imiona.

Oczywiście na płaszczyźnie fizycznej wiele ludzi robi rzeczy z pozoru podobne do działań Ammy. Lecz przyjrzyjmy się dokładniej. Istnieją ludzie, którzy lubią przytulać. Być może przytulają więcej osób niż przeciętny człowiek. Ale czy mają cierpliwość codziennie przez wiele lat tulić tysiące ludzi pod rząd, nie jedząc i nie śpiąc? Lub, tak jak Amma, niektórzy kierownicy zarządzają wieloma instytucjami naraz, ale czy są podobnym jak Ona wzorem wyrzeczenia i poświęcenia? Niektórzy posiadają ogromną wiedzę na temat świata zewnętrznego, ale czy mają oni również wgląd w serca i umysły innych ludzi?

Osoby siedzące obok Ammy i słuchające wszystkich przedstawianych Jej problemów szybko odczuwają zmęczenie - nie będąc nawet odpowiedzialnymi za znalezienie rozwiązania. Amma stwarza wiernym okazje do spędzenia u Jej boku większej ilości czasu, powierzając im zadania takie jak wkładanie Jej do ręki prasadu, który wręcza ludziom podczas darszanu. Ale darszan przebiega często w tak szybkim tempie i tak wiele się wokół dzieje, że nawet to proste zadanie niektórych przerasta - podczas gdy Amma angażuje się w dziesięć rzeczy naraz i wszystkie wykonuje z perfekcją i wdziękiem.

Nie powinniśmy zapominać, że Amma nie tylko całymi godzinami przytula ludzi, mimo iż samo to jest cudem. Często również rozmawia z wiernymi, którzy przychodzą na darszan. Pociesza, odpowiada na pytania, udziela porad czy gratuluje dobrze wypełnionego zadania. Robi to codziennie przez ponad dwanaście godzin. Ponadto co wieczór śpiewa bhadżany. Większość z nas po jednym lub dwóch takich dniach straciłaby głos. I głos Ammy czasem staje się szorstki, ale chwilę później, jak gdyby za sprawą swej siły woli, przemawia Ona lub śpiewa z mocą zawodowego mówcy czy śpiewaka - choć zazwyczaj tacy ludzie przed występem pozwalają swym strunom głosowym całkowicie odpocząć, pijąc herbaty ziołowe i ssąc wspomagające pastylki.

Pomimo tak wielkiej aktywności Amma nigdy nie wykazuje oznak napięcia ani zdenerwowania. Przeciętna osoba wykonująca nawet niewielką część zadań Ammy byłaby nie tylko sama bardzo zestresowana, lecz również przenosiłaby swój stres na innych. Pomimo zaangażowania w tak wiele czynności Amma nie odczuwa wcale żadnego napięcia, frustracji, wypalenia ani nudy. Amma jest nie tylko sama wolna od stresu, lecz również uwalnia od niego innych. Rozmawiałem z wieloma Jej wiernymi będącymi psychiatrami oraz psychologami i jednogłośnie twierdzą oni, że Amma jest doskonałym „pogromcą stresu".

Sekretem wydajności Ammy jest Atma Dżniana - wiedza o Prawdziwej Jaźni. Mówi się, że Atma Dżniana jest wiedzą, „dzięki której wszystko inne staje się jasne". Jeśli wiemy, jak ujarzmić energię zawartą w jądrze, możemy ją wykorzystać w każdej dziedzinie. Tak samo Wiedza Ammy przenika każdą Jej myśl. Przyglądając się Ammie, możemy zaobserwować to niezwykłe zjawisko. Amma obejmuje jednocześnie całość oraz każdą najmniejszą cząstkę z osobna. Schodząc do najniższego poziomu, mówi: „Amma wie, że naprawdę Ją kochasz, tylko wówczas, gdy darzysz miłością nawet mrówkę". Po chwili zaczyna udzielać porad na temat zarządzania Jej licznymi instytucjami, takimi jak AIMS, wielospecjalistyczny szpital o tysiącu trzystu łóżkach, oraz Amrita Vidyalayam, system kształcenia obejmujący pięćdziesiąt trzy szkoły w całych Indiach.

Oświecona dusza, taka jak Amma, w pełni rozumie słowa pism: „mikrokosmos i makrokosmos są jednym i tym samym". Mędrcy, którzy odkryli swą jedność z wszechobecną Jaźnią, widzą zarówno całość w indywidualnej istocie, jak i indywidualną istotę w całości. Amma mówi, że w każdym z nas zawiera się cały wszechświat. Nawiązuje w ten sposób do faktu, że dżiwatma i paramatma są jednym. Kiedy niewiedza dżiwatmy zostaje usunięta, odkrywa ona, że jest niczym innym jak paramatmą, tak jak fala w rzeczywistości nie różni się od oceanu.

Jeśli chcemy się choć trochę upodobnić do Ammy, musimy zastosować pewien logiczny proces. Kiedy naukowiec pragnie zrozumieć, jak ujarzmić nieskończoną energię zawartą w jądrze, musi zacząć od zbadania atomu, w którym mieści się jądro. Podobnie jeśli chcemy poznać swą prawdziwą naturę, musimy najpierw przeniknąć naturę własnego umysłu, który potrafi zataić lub ujawnić Prawdę.

Pewien król wybierał się na poranny spacer, kiedy ścieżkę zagrodził mu żebrak. Król nie odtrącił go, lecz zapytał, czego sobie życzy.

Odpowiedź nie zabrzmiała dokładnie tak, jak się spodziewał. Żebrak zaczął się głośno śmiać. W końcu, łapiąc oddech, wyjaśnił, co go rozśmieszyło. „Pytasz mnie, jakbyś był w stanie spełnić me życzenie".

Urażony król wykrzyknął: „Oczywiście, że mogę spełnić twe życzenie. Wyjaw mi je".

„Dobrze się zastanów, zanim mi cokolwiek obiecasz" - odparł żebrak.

Król nie przejął się przestrogą żebraka, nalegając: „Spełnię wszystko, o co poprosisz. Jestem Panem wszystkiego, co widzisz. Czy mógłbyś sobie zażyczyć czegoś, czego nie mogę ci dać?".

„Tak naprawdę moje pragnienie jest bardzo proste" - powiedział żebrak. - „Czy możesz napełnić czymś moją miskę żebraczą? Obojętnie czym".

„Oczywiście" - odparł król, po czym wezwał jednego ze swych służących i polecił mu: „Przynieś tyle złota, ile potrzeba do wielokrotnego napełnienia jego miski". Służący poszedł do pałacu i powrócił z ogromnym workiem złota. Przechylił worek i zaczął przesypywać zawartość do miski żebraka. Stało się jednak wówczas coś dziwnego. Gdy tylko monety wpadały do miski, natychmiast znikały, jak gdyby miska była o wiele głębsza, niż się wydawało. Myśląc, że to jakaś magiczna sztuczka, król poinstruował służącego, aby kontynuował czynność. Musiał istnieć jakiś limit. Ale kiedy służący dalej przesypywał pieniądze, one wciąż znikały, gdy tylko dotknęły miski. W końcu ogromny worek został opróżniony do dna, a w misce żebraka nie pozostała ani jedna moneta. Jako że król dał żebrakowi słowo i wciąż był przekonany, że potrafi go dotrzymać, poprosił służącego, aby przyniósł jeszcze jeden worek. Scena powtórzyła się w ten sposób kilkakrotnie.

Po pewnym czasie wieść o przedziwnym zjawisku rozeszła się po królestwie i do południa zebrał się pod pałacem duży tłum. Reputacja króla była zagrożona. Słudzy błagali go, aby przegonił żebraka zamiast przesypywać złoto do jego bezdennej miski, ale król stwierdził: „Nawet jeśli stracę całe królestwo, niech tak będzie - nie pozwolę mu się pokonać".

W końcu cały zapas złotych monet został wyczerpany. Lecz król dalej opróżniał skarbiec, przesypując wszystko do miski. Diamenty, perły, szmaragdy - wszystko natychmiast znikało w otchłani. Do zachodu słońca pałacowy skarbiec został ogołocony. Wszyscy świadkowie stali w milczeniu jak zahipnotyzowani. W końcu król padł żebrakowi do stóp i przyznał się do porażki. Zanim żebrak odszedł, król poprosił go: „Zwyciężyłeś, to jasne. Ale zanim odejdziesz, powiedz mi jedną rzecz: z czego zrobiona jest twoja miska?".

Śmiejąc się, żebrak odparł: „To nie tajemnica. Miska jest niczym innym jak ludzkim umysłem. Nie da się jej zadowolić".

Próba wyczerpania pragnień za pomocą ich zaspokajania jest jak usiłowanie ugaszenia pożaru poprzez dolewanie do ognia benzyny. Za każdym razem gdy poddajemy się pragnieniom, wyłącznie je zasilamy. Jedynym sposobem na pokonanie pragnień jest użycie własnej zdolności rozróżniania i dostrzeżenie w upragnionych przedmiotach oczywistych wad. Napełni to nas wewnętrzną siłą niezbędną do przezwyciężenia naszych zachcianek.

Kilkanaście wieków temu w stanie Tamil Nadu żył wielki mędrzec o imieniu Pattinatthar. Zanim Pattinatthar wyrzekł się świata, był najbogatszym człowiekiem w przybrzeżnym mieście Kavirapoom Pattinam. Los jednak nie obdarzył go potomstwem. Kiedyś pewien Brahmin znalazł pod drzewem niemowlę i wiedząc, jak bardzo Pattinatthar pragnął syna, zaniósł dziecko do niego. Pattinatthar sowicie go wynagrodził, po czym zaopiekował się chłopcem i wychowywał go jak własnego potomka.

Kiedy chłopiec osiągnął dorosłość, zapragnął zostać podróżnym kupcem i poprosił ojca o błogosławieństwo. Mimo iż Pattinatthar nie chciał rozstawać się z synem, udzielił mu pozwolenia, licząc na to, że podąży on jego śladem i pomnoży rodzinne bogactwo. Wkrótce więc młody mężczyzna wynajął statek i wyruszył do odległych portów.

Po długim czasie Pattinatthar otrzymał wiadomość, że statek syna wrócił i stoi w miejskim porcie. Był jednak problem. Rozeszła się wieść, że młody mężczyzna stracił mentalną równowagę i powrócił jedynie z ryżowymi otrębami i suchym krowim łajnem. Ogarnięty furią, Pattinatthar pobiegł to sprawdzić. Po drodze najwyraźniej minął się z synem, ponieważ nie zastał go, kiedy dotarł na statek. Wszedł pod pokład i przekonał się o prawdziwości pogłosek. Pomieszczenie od podłogi po sufit wypełniały otręby ryżowe i suche krowie łajno. Przeklinając los i pomstując na swe bezrozumne dziecko, Pattinatthar wziął do ręki jeden placek łajna i cisnął nim o ścianę statku. Placek rozpadł się, rozsypując po pomieszczeniu błyszczące kuleczki. Przyjrzawszy im się z bliska, król zorientował się, że placek został naszpikowany diamentami, perłami i innymi cennymi klejnotami. Biorąc do ręki kilka kolejnych placków i przełamując je na pół, zobaczył, że wszystkie są takie same. Jego syn ukrył w ten sposób bogactwo, aby uniknąć grabieży przez piratów w drodze powrotnej.

Gdy Pattinatthar wracał do domu, w oczach miał łzy - łzy radości z powodu geniuszu i sukcesu syna, a także łzy skruchy za to, że tak pochopnie go potępił.

W drzwiach powitała go blada ze strachu żona. Poinformowała go, że syn był tu, ale już poszedł[3]. Zostawił jedynie niewielkie pudełko, prosząc, aby przekazała je ojcu, kiedy wróci. W pudełku była malutka igła do szycia z uszkodzonym uchem, zawinięta w karteczkę z następującymi słowami: „Nawet ta igła z uszkodzonym uchem nie będzie ci towarzyszyć po śmierci". Przeczytawszy wiadomość, mężczyzna przeżył wstrząs. Po raz pierwszy zrozumiał, że pomimo tak wielkiego bogactwa odejdzie ze świata z niczym. Nie będzie mógł ze sobą zabrać nawet najmniejszego i najmniej użytecznego przedmiotu, takiego jak igła z uszkodzonym uchem. Uświadamiając to sobie, postanowił opuścić domowe zacisze i udał się na poszukiwania Boga. Przed odejściem polecił swemu księgowemu rozdać majątek wszystkim potrzebującym.

Usłyszawszy o planach mężczyzny, król był w szoku. Dla podratowania skarbca sam niejednokrotnie korzystał z hojności Pattinatthara. Postanowił zatem odnaleźć go i porozmawiać z nim.

Zastał Pattinatthara siedzącego na skale na obrzeżach miasta, mającego na sobie jedynie przepaskę biodrową. Zatrzymując się przy nim, zapytał: „Co w ciebie wstąpiło? Byłeś najbogatszym człowiekiem w królestwie. Co zyskałeś, oddając wszystko?".

Pattinatthar spojrzał na króla i uśmiechnął się. „O królu, dawniej z szacunku do ciebie powstawałem, ilekroć

[3] Chłopca nigdy więcej nie widziano. Wielu wierzy, że był on wcieleniem Pana, a jego jedyny cel polegał na nawróceniu Pattinatthara na duchową ścieżkę.

przechodziłeś obok. Gdy mnie wzywałeś, biegłem do ciebie jak niewolnik. A teraz to ty stoisz, podczas gdy ja siedzę".

Ponieważ Pattinatthar uwolnił się od pragnień, nie mógł nic zyskać, okazując szacunek królowi. Król nie miał mu nic do zaoferowania. Uświadamiając sobie prawdę słów mędrca, król skłonił mu się do stóp, po czym w milczeniu powrócił do pałacu.

Tylko ten, kto coś posiada, może podzielić się tym z innymi. Naturalnie im większe czyjeś bogactwo, tym większa zdolność obdarowywania. Lecz Amma mówi: „Prawdziwym bogactwem jest duchowość. Bogactwo wewnętrzne pomaga nam stać się 'bogatszym od najbogatszych'". Na podstawie tej definicji Amma jest i zawsze była najbogatszą osobą na świecie. Mimo że od ponad trzydziestu sześciu lat rozdaje Ona ogromne ilości swego duchowego bogactwa, jego pokłady nie zmniejszyły się ani odrobinę. I choć niektórzy sobie tego nie uświadamiają, każdy, kto przychodzi na darszan, odchodzi z diamentem w postaci Jej błogosławieństwa.

Rozdział 8

Zarządzanie umysłem

„Wiele osób myli niewłaściwe zarządzanie z przeznaczeniem".

– Kin Hubbard

Dziś nawet świat biznesu oraz wojsko zaczynają interesować się duchowością, pragnąc wolności od stresu oraz spokoju umysłu. Niedawno indyjskie siły paramilitarne poprosiły Ammę o przeprowadzenie kursu medytacji dla ponad miliona żołnierzy. Kiedy brahmaczari Ammy zaczęli nauczać opracowanej przez Ammę techniki medytacji IAM (Integrated Amrita Meditation) w ośrodkach paramilitarnych w całym kraju (bezpłatnie), inne oddziały wojska też poprosiły o przeszkolenie. Po radę do Ammy zgłasza się również wielu przedsiębiorców, a niektóre korporacje zaczęły wdrażać technikę IAM wśród swoich pracowników.

Oczywiste jest, że zasady duchowości mogą być stosowane w biznesie i innych dziedzinach. Z kolei podstawowe zasady biznesu znajdują zastosowanie w duchowości.

Pewnego razu w domu towarowym wyłączono prąd. Zgasły światła i klienci nic nie widzieli. Zdenerwowana kobieta, która stała akurat obok pracownika sklepu, zwróciła się do niego z naciskiem: „Czy mógłby pan coś z tym zrobić?".

„Przykro mi, proszę pani" - odparł pracownik. - „Ja jestem od sprzedaży, nie od zarządzania".

Dowcip ten zwraca uwagę na istotny fakt. Aby odnieść sukces w pracy - aby móc się utrzymać - wystarczy specjalizować się w jednej branży. Pracownik działu sprzedaży nie musi nic wiedzieć na temat zarządzania, a kierownik nie musi się znać na sprzedaży. Lecz aby osiągnąć sukces w życiu, musimy nauczyć się być zarówno sprzedawcą, jak i kierownikiem - musimy umieć sprzedawać naszemu umysłowi dobre rzeczy, a także radzić sobie w trudnych sytuacjach.

Niektórzy ludzie nie mają wysokiej opinii o kierownikach. Ilustruje to następująca anegdota. Mężczyzna leci balonem i uzmysławia sobie, że się zgubił. Obniża swą wysokość, po czym zauważa mężczyznę stojącego na polu. Schodzi więc jeszcze niżej i krzyczy: „Przepraszam, czy może mi pan powiedzieć, gdzie jestem?".

Mężczyzna odpowiada: „Tak. Jest pan w balonie unoszącym się trzydzieści stóp nad tym polem".

„Dzięki za nic" - odpowiada z rozczarowaniem pytający.

Mężczyzna z dołu mówi: „Na pewno pracuje pan w zarządzaniu".

„Tak" - przyznaje lecący balonem. - „Ale skąd pan wie?".

„No cóż... Nie ma pan pojęcia, gdzie się znajduje ani dokąd leci, ale oczekuje, że będę mu w stanie pomóc. Jest pan w tej samej sytuacji, w której był, zanim się poznaliśmy, ale teraz to moja wina".

Nie takie zarządzanie mamy na myśli, kiedy mówimy o radzeniu sobie z umysłem. Zarządzanie umysłem nie polega na wynajdywaniu fałszywych wymówek oraz wskazywaniu palcem na innych w celu uniknięcia odpowiedzialności. Oznacza raczej zdobywanie panowania nad umysłem oraz wszystkimi jego reakcjami.

Pewien mężczyzna jadł z rodziną śniadanie przed wyjściem do biura, gdzie czekało go wygłoszenie prezentacji na niezwykle ważnym spotkaniu, które miało zadecydować o losie jego firmy. Córka mężczyzny, sięgając po sok pomarańczowy, niechcący potrąciła jego filiżankę, zalewając kawą jego świeżo wypraną i wyprasowaną koszulę. Wystarczająco już podenerwowany spotkaniem, mężczyzna eksplodował, w złości upominając córkę, zanim poszedł się przebrać. Wychodząc z domu, zobaczył córkę siedzącą na progu, całą we łzach. Roztrzęsiona z powodu jego wybuchu, spóźniła się na autobus i trzeba ją było zawieźć do szkoły.

Aby odstawić córkę i zdążyć na czas do pracy, mężczyzna jechał z niedozwoloną prędkością. Zatrzymał go policjant, który udzielił mu pouczenia oraz wypisał mandat. W końcu, kiedy spóźniony dotarł na spotkanie, zorientował się, że teczkę z materiałami do prezentacji zostawił w domu. Ponieważ nie był przygotowany do spotkania, jego firma została przejęta przez konkurencyjną korporację i zwolniono go. Nagle mężczyzna stał się bezrobotny i poczuł się odizolowany od swej żony i dzieci. Patrząc wstecz, zrozumiał, że całe to zamieszanie wynikło z jego gwałtownej reakcji na rozlaną kawę. Nad tym wydarzeniem nie miał kontroli, lecz gdyby udało mu się poskromić złość, mógłby uniknąć pozostałych przykrości, które spotkały go tamtego dnia. Ponieważ jednak nie umiał się pohamować, kreci kopiec przemienił się w górę.

Amma często mówi nam, że duchowość jest sztuką zarządzania umysłem. Lecz aby dobrze tę sztukę opanować, musimy również stać się doskonałym sprzedawcą. Nasz umysł jest trudnym klientem - zazwyczaj odmawia przyjęcia tego, co dla nas dobre.

Z drugiej strony Amma mówi, że nasz umysł jest również największym sprzedawcą wszech czasów. Jest ekspertem we wciskaniu nam swych pomysłów i wyborów - zazwyczaj rzeczy, które przez krótki czas będą nas cieszyć, lecz w ostatecznym rozrachunku nie będą nam służyć. Musimy zatem nauczyć się być lepszym sprzedawcą niż nasz umysł, abyśmy umieli rozróżniać pomiędzy dobrym a złym interesem i potrafili przekonać umysł do podążania właściwą ścieżką. Amma podaje przykład dziecka, któremu dano do wyboru miskę czekoladek lub miskę złotych monet. Dziecko zawsze wybierze czekoladki, ponieważ przynoszą one natychmiastowe zadowolenie. Dziecko nie wie, że za złote monety mogłoby kupić o wiele więcej czekoladek, a nawet opłacić później dentystę, który wyleczyłby jego zęby.

Jako że jesteśmy dorośli, taki wybór może wydawać nam się prosty, ale przecież codziennie musimy się mierzyć z podobnymi dylematami. Na przykład czy powinniśmy oglądać telewizję czy medytować? Czy powinniśmy pracować na rzecz swej wspólnoty czy pójść kupić sobie kilka nowych ubrań? Czy powinniśmy czytać najnowszy thriller czy Bhagawad Gitę?

Pouczająca jest historia Nacziketasa z Katha Upaniszady. Poszukując prawdziwej wiedzy, Nacziketas udaje się do Jamy, Pana Śmierci. Lecz kiedy prosi go o nauki, Jama próbuje go zniechęcić, proponując mu zamiast tego wszelkie przyjemności świata i nieba - długie zdrowe życie, imponujące pałace, niebiańskie panny oraz nieograniczone bogactwo. Jama jest dobrym sprzedawcą, ale Nacziketas to wymagający klient. Uparcie odrzuca wszystko, co Jama mu oferuje, nie godząc się na nic za wyjątkiem prawdziwej wiedzy.

W rzeczywistości Jama jedynie sprawdzał Nacziketasa, aby upewnić się, że zasługuje on na duchową wiedzę.

Na szczęście Amma nie jest aż tak wymagająca. Nie poddaje nas tak rygorystycznym testom. Być może wie, że większość z nas by ich nie zdała. Prawdopodobnie, oglądając kuszące propozycje na wystawie, nie potrafilibyśmy im się oprzeć.

Tak jak zaprawiony biznesmen zna rynek, konkurencję oraz zachowania konsumentów, tak Amma rozumie naturę świata oraz ludzi i ich nawyki. Amma wie, że w dzisiejszym świecie trudno jest sprzedać duchowość. Czasem żartuje Ona, że gdyby sam Bóg zstąpił do nas, kiedy oglądalibyśmy telewizję, oferując nam oświecenie, powiedzielibyśmy: „Och Panie, ten program nie będzie ponownie emitowany. Czy nie mógłbyś przyjść później, skoro jesteś wieczny?".

Telewizja, thrillery i centra handlowe są tylko kilkoma z wielu rzeczy, które rywalizują o naszą uwagę. Dlatego Amma oferuje nam korzystny pakiet. Kiedy przychodzimy do Ammy z jakimś pragnieniem czy problemem, Ona pomaga nam spełnić pragnienie czy rozwiązać problem, a jednocześnie powoli kieruje nasz umysł w stronę duchowości.

Wielu młodych Hindusów, którzy zwierzyli się Ammie z pragnienia wyjazdu do Ameryki, ostatecznie znalazło tam pracę. Lecz z czasem, co pół roku widując Ammę podczas Jej pobytów w Stanach, tak bardzo zainspirowali się Jej przykładem, że marzyli już wyłącznie o powrocie do Indii i zamieszkaniu w Jej aszramie.

Trudno jest przekonać umysł do dobrych rzeczy, ale Amma potrafi swe produkty - miłość, współczucie i służbę - dobrze wypromować. Więc mimo iż Jej produkty oferowane są bezpłatnie, Amma również pełni rolę sprzedawcy. Nie ogranicza się jednak do niej - jest także kierownikiem.

Jako że sieć organizacji charytatywnych aszramu coraz bardziej się rozrasta, niektórzy mogą pomyśleć, że Amma nie jest już bezpośrednio zaangażowana w ich prowadzenie - że stała się jedynie formalnym reprezentantem. Lecz w rzeczywistości Amma wciąż pełni rolę zarówno makromanadżera, jak i mikromenadżera. Mimo iż ponad pół dnia spędza, udzielając darszanu, wciąż osobiście doradza tysiącom osób zaangażowanych w działania aszramu, a oprócz tego utrzymuje bliski kontakt ze wszystkimi wiernymi. Jest to prawdopodobnie jeden z największych cudów, jakie świat kiedykolwiek widział.

Amma jest być może jedyną osobą na Ziemi będącą „na ty" z dziesiątkami tysięcy ludzi. Kilka lat temu, krótko po programie w Kochi, jeden z kierowców Ammy, który pracuje w Jej szpitalu, przyjechał na darszan do Amritapuri. Kiedy Amma zobaczyła go, zapytała: „Synu, gdzie byłeś w czasie programu w Kochi?".

Kierowca wyjaśnił, że przybył na program, ale gdy zobaczył, jak wiele ludzi czeka na darszan, postanowił nie dokładać Jej ciężaru. „Myślałem, że byłaś zbyt zajęta" - powiedział.

„Kto był zajęty - ja czy ty?" - zapytała Amma. - „Powinieneś był przyjść na darszan".

Kierowca doznał szoku, uświadomiwszy sobie, że Amma nie tylko zauważyła jego nieobecność, lecz również uznała za istotne o tym wspomnieć. Stojąc obok, również byłem zdziwiony. Czy jakikolwiek kierownik zmartwiłby się nieobecnością jednego spośród setek kierowców? Ale Amma rozmawiała z nim, jak gdyby dysponowała nieskończoną ilością czasu.

Często zastanawiam się, czy Amma przypadkiem nie upycha więcej niż dwadzieścia cztery godziny w jeden dzień, nie mówiąc o tym nikomu. Oczywiście warto pamiętać, że wszyscy, którzy dokonali wielkich rzeczy, mieli na to tylko dwadzieścia cztery godziny w ciągu dnia. Przestępcy oraz ci, którzy marnują swój czas, również mają do dyspozycji te same dwadzieścia cztery godziny. Zatem to, co udaje nam się osiągnąć, zależy od tego, jak wykorzystujemy swój czas.

Stopień, w jakim Amma jest wciąż zaangażowana w codzienne funkcjonowanie swych instytucji, ilustrują następujące historie.

Pierwszą historią podzielił się ze mną brahmaczari sprawujący nadzór nad kampusem uniwersytetu Ammy. Na terenie kampusu znajdowały się dotychczas Szkoła Inżynieryjna, Szkoła Biotechnologii i Szkoła Ajurwedy, natomiast w zeszłym roku otworzono dodatkowo Szkołę Sztuk i Nauk oraz Szkołę Pracy Społecznej. Stało się jasne, że z powodu ekspansji potrzebne będą nowe komputery. Brahmaczari poprosił kierowników wydziałów o przedyskutowanie tematu z podwładnymi oraz sporządzenie raportu o liczbie potrzebnych komputerów. Jakiś czas później kierownicy wystosowali oficjalną prośbę o sto pięćdziesiąt dodatkowych komputerów. Będąc pod wrażeniem dokładności ich analizy, brahmaczari natychmiast przekazał informację Ammie. Lecz kiedy Amma usłyszała liczbę, powiedziała: „Dlaczego chcesz wydać niepotrzebnie tyle pieniędzy? Powinieneś był najpierw odrobić swoje zadanie domowe".

Brahmaczari nie protestował, ale odszedł z ciężkim sercem. Zastanawiał się: „Dlaczego Amma tak mówi? Przecież pracownicy dokładnie zbadali sprawę i skonsultowali się z wieloma osobami". Tamtej nocy, kiedy przewracał się w łóżku, nie mogąc spać, w pewnym momencie zrozumiał, że Amma miała rację. Nie odrobił swego zadania domowego, lecz jedynie zebrał informacje z różnych działów, przyjmując je za dobrą monetę. Uświadomiwszy sobie to, resztę nocy spędził, analizując rozmaite dane. W końcu zrozumiał, że kierownicy wydziałów nie uwzględnili możliwości dzielenia swych zasobów. Okazało się, że faktycznie potrzebnych było nie sto pięćdziesiąt komputerów, lecz tylko dziewięćdziesiąt. Dzięki temu prostemu rozwiązaniu brahmaczari mógł zaoszczędzić ponad milion rupii. Następnego dnia przedstawił Ammie skorygowaną propozycję. Zanim się odezwał, Amma spojrzała na niego z uśmiechem. Będąc w trakcie darszanu, zapytała: „Odrobiłeś swoje zadanie?". Opowiedział Ammie o swym odkryciu, a następnie Ona udzieliła mu zgody na zakup.

Jeden z nowszych projektów aszramu nosi nazwę Matru Gramam, czyli Wioska Matki. Projekt ten polega na zakładaniu spółdzielni kobiet w sąsiadujących z aszramem wioskach, które dotychczas utrzymywały się wyłącznie z rybołówstwa. Kiedy połów się nie udał lub coś stało się mężowi podczas wyprawy, cała rodzina głodowała. Teraz aszram oferuje w tych wioskach szkolenia i wsparcie materialne potrzebne do wyrobu różnorodnych produktów. Spółdzielnie wytwarzają wszystko, od butów, czekoladek i mundurków szkolnych po sari, artykuły rybackie i marynaty. Powstało już ponad sześćset takich spółdzielni, a Amma z zainteresowaniem śledzi ich postępy.

Niedawno kilka kobiet przyniosło Ammie mleczne słodycze, które przyrządziły i zamierzały wkrótce zacząć sprzedawać. Mimo iż tamtego dnia Amma była bardzo zajęta, udzielając darszanu dużej grupie wiernych, znalazła chwilę, aby spróbować owocu pracy tych kobiet. Gdy tylko wzięła produkt do ust, poczuła, że coś jest z nim nie tak. Kiedy zapytała kobiety o przepis, okazało się, że w celu zmniejszenia kosztów zastąpiły masło klarowane olejem palmowym. Amma wytłumaczyła im, że olej palmowy zepsuł smak. Następnie zawołała brahmaczariego kierującego aszramową kuchnią i poprosiła go, aby pokazał kobietom, jak poprawnie przyrządzić te słodycze z użyciem właściwych składników. Choć była to zaledwie jedna z sześciuset takich grup, w jednym z wielu projektów aszramu, Amma zadbała o to, aby wszystko zostało zrobione tak jak należy.

Amma mówi: „Nic nie jest bez znaczenia. Samolot może się rozbić, nawet jeżeli brakuje mu kilku małych śrubek. Wszystko w kreacji Boga ma swoje miejsce. Niczego nie można lekceważyć".

Amma zawsze interesowała się najdrobniejszymi detalami, które łatwo przeoczyć. Wiele lat temu, kiedy ukończono budowę głównej świątyni aszramu, usłyszeliśmy, że poszła niespodziewanie na dach. Kiedy tam dotarliśmy, zastaliśmy ją przykucniętą i w skupieniu rozglądającą się za czymś, jak gdyby szukała ukrytego złota. Z bliska okazało się, że zbiera zagięte gwoździe oraz kawałki metalu pozostawione przez robotników.

Nie rozumieliśmy, dlaczego Amma przywiązuje tak dużą wagę do tych śmieci. Zanim odważyliśmy się zapytać, sama wyjaśniła nam, że kiedy do aszramu przybędą tłumy, niektórzy będą zmuszeni spać na dachu i mogliby sobie przebić tymi gwoździmi stopę. Gdyby przydarzyło się to cukrzykowi, mogłaby wdać się infekcja, na której leczenie nie byłoby go zapewne stać. Amma dodała jeszcze, że te kawałki metalu nie są śmieciami, gdyż można je sprzedać na złom, a uzyskane pieniądze przeznaczyć na pomoc ubogim.

Dziś, wiele lat później, Amma wciąż przywiązuje ogromną wagę do szczegółów. W 2007 roku podczas trasy północnoindyjskiej po programie w Bangalore przebyliśmy długą drogę do Hyderabad, gdzie następnego ranka miał się odbyć kolejny program. Mimo iż Amma nie jadła ani nie spała, w nocy wyszła ze swego pokoju, aby ocenić postęp przygotowań. Dochodziła północ, zatem teren był prawie pusty i mogła swobodnie się po nim poruszać. Scena została postawiona na szkolnym dziedzińcu, który został wydrążony w zboczu wzgórza i Amma natychmiast zauważyła coś, co najwyraźniej umknęło uwadze organizatorów programu: brakowało miejsca, aby pomieścić wszystkich gości. Amma zaczęła przechadzać się po dziedzińcu. W każdym miejscu ustawiała krzesło, po czym siadała na nim i sprawdzała, czy widać z niego scenę. Kiedy nie było jej widać, wskazywała, jak można to naprawić. Bardzo troszczyła się o to, aby każdy miał dobry widok. Zastanawiałem się, jak wiele innych ludzi, którzy występują publicznie, poświęca tyle uwagi każdej przybyłej osobie.

Przytoczyłem zaledwie kilka przykładów perfekcyjnego zarządzania Ammy w skali makro i mikro, a codziennie powstają nowe. Będąc panią własnego umysłu, Amma doskonale radzi sobie w każdej sytuacji.

Nas również Amma pragnie nauczyć zarządzania własnym umysłem. Nie dlatego, że mogłaby na tym cokolwiek zyskać, lecz ponieważ wie, że nie ma innego sposobu na trwały spokój i szczęście. Jest Ona gotowa pomagać nam w tym dzień i noc. Amma poświęciła swe życie służbie - od liczenia komputerów do tulenia tysięcy osób dziennie, od sprawdzania składników w słodyczach po budzenie w ludziach uwielbienia dla Boga poprzez codziennie sesje bhadżanowe, od zbierania gwoździ po uświadamianie wiernym ich prawdziwej natury za pośrednictwem satsangu. Umysł Ammy jest całkowicie wolny od egoistycznych pragnień. Zdobyła nad nim absolutną kontrolę.

Słyszałem o dwudniowych warsztatach duchowych prowadzonych przez znanego nauczyciela. Podczas warsztatów spędza on z uczestnikami jedynie czterdzieści pięć minut w ciągu dnia. Kiedyś ktoś go zapytał: „Przeznaczamy całe te pieniądze i czas, żeby być z tobą. Dlaczego więc nie zostaniesz z nami dłużej?". Nauczyciel odparł: „Ludzki umysł może wchłonąć jednorazowo ograniczoną ilość wiedzy. Jeśli spędzę z wami więcej czasu, będzie to marnotrawstwo".

W kontraście, podczas typowego dwudniowego programu Amma spędza ze swymi dziećmi ponad czterdzieści godzin. Amma nigdy nie uważa, że marnuje swój czas, siedząc z nami. Twierdzi, że jeśli spróbujemy uprawiać jabłonie w Kerali, poniesiemy porażkę - nawet jeśli drzewa wydadzą owoce, ich jakość będzie bardzo niska. Natomiast jabłka z upraw w Kaszmirze są wysokiej jakości. Każde przedsięwzięcie wymaga odpowiedniej atmosfery. Najbardziej sprzyjającą atmosferę do nauki zarządzania własnym umysłem zapewnia obecność prawdziwego Mistrza.

Rozdział 9

Sekretna recepta Ammy

„Nie pozwólmy, aby piękno i urok bezinteresownej służby zniknęły z oblicza Ziemi. Świat powinien wiedzieć, że życie pełne poświęcenia jest możliwe, że życie inspirowane miłością i pragnieniem służby jest możliwe".

– Amma

Sieć humanitarnych działań Ammy cały czas się rozrasta, a Amma nie przestaje zaskakiwać. Kiedy w 2002 roku ukończyła budowę dwudziestu pięciu tysięcy domów, myśleliśmy, że będzie usatysfakcjonowana osiągnięciem. Ale Ona natychmiast ogłosiła nowy cel w postaci stu tysięcy dodatkowych domów w całych Indiach. Po uderzeniu tsunami w 2004 roku zadziwiła nas zebraną na pomoc ofiarom sumą czterdziestu sześciu milionów dolarów. Kiedy Stany Zjednoczone zostały dotknięte huraganem Katrina, ku ogólnemu zdumieniu przekazała milion dolarów fundacji Bush-Clinton na rzecz pomocy ofiarom.

Jedną z najbardziej uderzających rzeczy w Ammie jest niezbita pewność, z jaką realizuje Ona wszystkie te ogromne inicjatywy. Jej spontaniczność w działaniu potwierdza tę pewność. Podczas wizyty w Mumbaju w marcu 2007 roku Amma została zaproszona na spotkanie wysokiego szczebla z gubernatorem stanu Maharashtra, aby omówić falę samobójstw

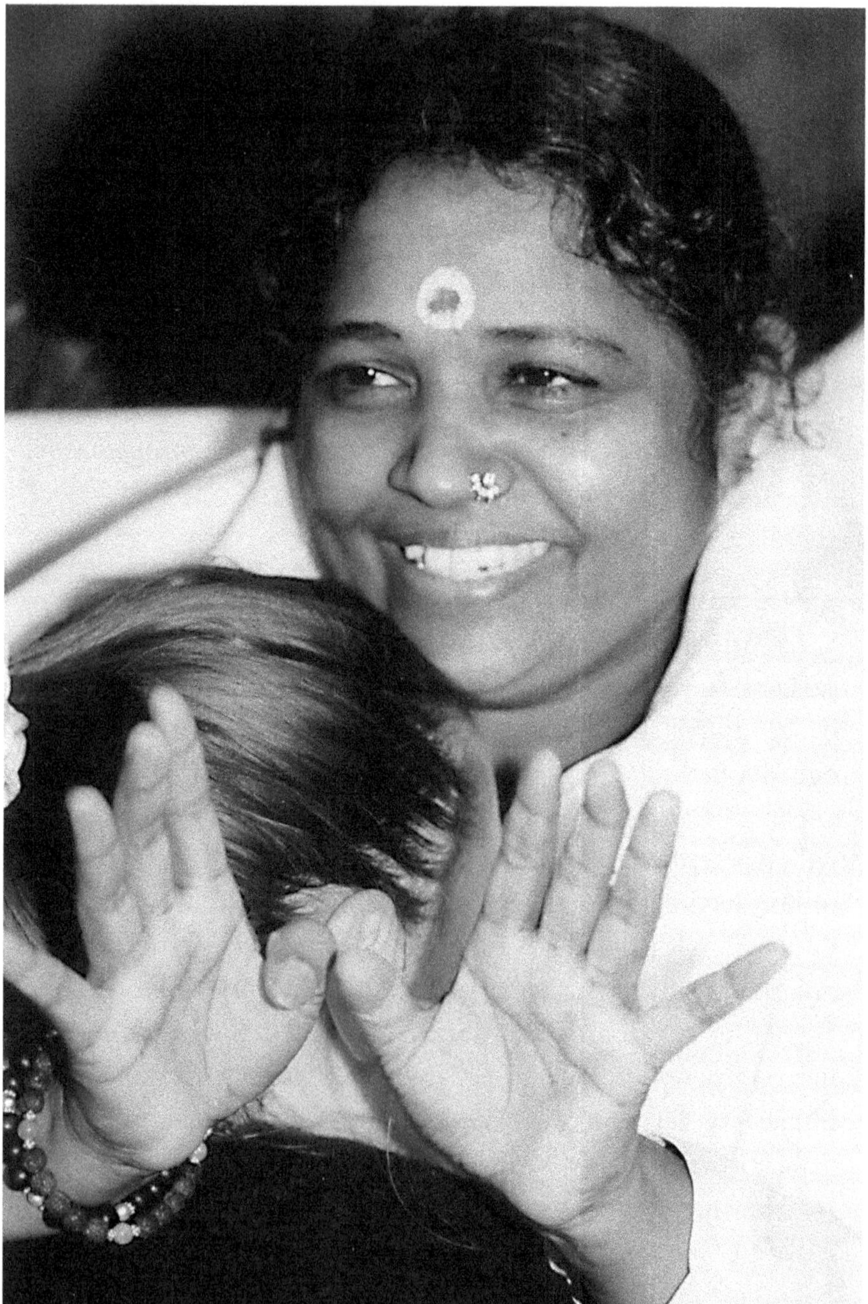

pośród ubogich rolników. Po spotkaniu Amma raz jeszcze zaskoczyła wszystkich, inicjując projekt pomocy mający na celu załagodzenie sytuacji. Pierwsze dwa etapy projektu obejmują przekazanie funduszy na edukację stu tysięcy dzieci rolników w trudnej sytuacji oraz wsparcie kapitałowe dla pięciu tysięcy wiejskich spółdzielni zrzeszających kobiety z ubogich rodzin rolniczych. Obie inicjatywy nakierowane są na zmniejszenie obciążeń finansowych w rodzinach rolniczych oraz pomoc ich członkom w uzyskaniu niezależności finansowej.

Nie mieliśmy wątpliwości, że będzie to kolejny pakiet w wysokości wielu milionów dolarów, dlatego byliśmy w szoku. „O czym Amma mówi? Skąd weźmie tyle pieniędzy?". Zazwyczaj kiedy wydamy na coś dużą sumę, przez pewien czas ograniczamy wydatki. Lecz z twarzy Ammy nie wyczytaliśmy ani cienia wahania czy obawy.

Niedawno Amma przyjęła w Amritapuri byłego przewodniczącego Rady Bezpieczeństwa ONZ, a obecnie wicesekretarza generalnego ONZ, Olarę Otunnu. Kiedy zapytano go o jego refleksje na temat pracy humanitarnej Ammy, odparł: „Myślę, że ONZ i inne organizacje pozarządowe mogą się wiele od Niej nauczyć".

Amma wyjaśnia, że kiedy rząd przeznacza fundusze na projekty humanitarne, dużą ich część pochłaniają wynagrodzenia pracowników. Amma nie upatruje winy w rządzie. Rząd musi przecież płacić swym pracownikom, a rządowy mechanizm musi funkcjonować. Lecz efekt końcowy przypomina przelewanie oleju z jednej szklanki do drugiej. „W końcu nie pozostaje już nic" - mówi Amma - „bo cały olej przykleił się do ścianek kolejnych szklanek. Tym sposobem w momencie kiedy pieniądze docierają do potrzebujących, z tysiąca rupii pozostaje sto. Natomiast kiedy aszram otrzyma sto rupii, dokłada do tego własną pracę, pomnażając fundusze".

Olara Otunnu podczas swej wizyty w Amritapuri wyraził podobne spostrzeżenia: „Jednym z problemów związanych z międzynarodową działalnością humanitarną jest fakt, że duża część zasobów przeznaczanych na pomoc potrzebującym ląduje w kieszeni ludzi, którzy tej pomocy udzielają - personelu. Koszty ogólne są zazwyczaj dość wysokie, biorąc pod uwagę, ile w rzeczywistości trafia do beneficjentów. Obserwując organizację Ammy, byłem zdumiony, jak dużo z tego, co udaje się zebrać i pomnożyć, naprawdę dociera do potrzebujących. Jest to wspaniałe. Jestem pod wrażeniem efektywności Jej formuły".

Aby formuła była efektywna, musi posiadać właściwe składniki. Z receptą Ammy, składającą się z wyrzeczenia, niestrudzonego poświęcenia i bezinteresownej miłości, wszystko jest możliwe.

Wizyta Ammy w Ameryce Południowej w lipcu 2007 roku doskonale potwierdza ten fakt. Jej pierwszy program odbywał się w Santiago, stolicy Chile i metropolii położonej w Andach. Wszelkie nasze wątpliwości co do tego, jak Amma zostanie tam przyjęta, zostały rozwiane przy pierwszym darszanie. Niemal tuż po tym, jak słońce wzeszło nad Andami, ogromny tłum zaczął schodzić się do centrum konferencyjnego. Wielka hala wypełniła się po brzegi jeszcze przed przyjazdem Ammy, a gdy Amma przybyła na miejsce, powitano Ją gromkimi brawami. W rzeczywistości przez następne trzy dni brawa rozbrzmiewały często - na powitanie Ammy, na Jej pożegnanie, a także po każdym bhadżanie, który śpiewała. Było jasne, że mieszkańcy

Santiago widzieli w Ammie to samo, co większość ludzi na świecie w ciągu ostatnich dwudziestu lat - miłość Boga w ludzkim ciele.

Podczas porannych programów Amma była otoczona największymi agencjami prasowymi w kraju. Jej wizyta w Chile okazała się prawdziwym wydarzeniem medialnym. Przez następne trzy dni przybywały tak duże tłumy, że programy następowały po sobie niemalże bez żadnych przerw.

Przed odjazdem Amma spotkała się z kilkunastoma miejscowymi wiernymi, którzy pomogli w organizacji programu. Wszyscy wyrazili swoje zdumienie w związku z tak sprawnym przebiegiem spotkań, ponieważ nikt z nich nie miał w tym względzie doświadczenia, a większość wolontariuszy nigdy wcześniej nie widziała Ammy. Wielu z nich zwolniło się na tydzień lub więcej z pracy, aby móc całkowicie poświęcić się przygotowaniom. Wpatrując się z miłością w ich oczy, Amma zapytała: „Jak tego dokonaliście?".

Jeden z nich natychmiast odparł: „To nasza miłość do Ciebie dała nam siłę i inspirację".

Słysząc te słowa, Amma pokiwała głową z aprobatą i powiedziała z uśmiechem: „Tam, gdzie jest miłość, wszystko jest możliwe".

Amma nie tylko sama korzysta z tej recepty na sukces, lecz poprzez właściwe prowadzenie oraz własny przykład potrafi również zaszczepić te same wartości w swych wiernych na całym świecie.

W początkach istnienia aszramu każdy odwiedzający otrzymywał bezpłatne posiłki. Rezydenci jedli ostatni, a Amma na samym końcu. Wielokrotnie, kiedy wszyscy goście zostali obsłużeni, brakowało jedzenia i rezydenci pozostawali głodni. W tamtych latach niektórzy z nas chodzili do wioski na zakupy, lecz często nie mieliśmy wystarczającej ilości pieniędzy, żeby zaopatrzyć się w niezbędne produkty. Pewnego razu jeden z brahmaczarich niepokoił się, że przez cały tydzień nie będziemy mieli co jeść. Kiedy zapytaliśmy Ammę, co robić, odparła: „Nie martwcie się. Bóg zapewnia wszystko, co potrzebne. Pieniądze przychodzą i odchodzą. Nie przejmujcie się tym. Idźcie medytować".

Brahmaczari próbował zastosować się do polecenia Ammy, lecz oczywiście medytacja nie wychodziła mu zbyt dobrze, ponieważ martwił się nie tylko o wiernych, lecz też o własny następny posiłek. Nazajutrz jednak ktoś ofiarował Ammie tysiąc rupii. W tamtym czasie na tysiąc rupii patrzyliśmy, jak gdyby był to milion dolarów. Za te pieniądze zrobiliśmy zakupy na cały tydzień.

Teraz aszram jest w lepszej sytuacji finansowej, lecz kiedy spoglądamy wstecz, widzimy, że mimo iż tak trudno żyło nam się wtedy pod wieloma względami, był to niezwykle cenny czas, zarówno dla każdego z nas z osobna, jak i całego aszramu - Amma uczyła nas, jak mądrze gospodarować zasobami, nie marnując niczego. To właśnie te zasady pozwoliły Ammie i aszramowi osiągnąć tak wiele przy tak niewielkich funduszach.

I jak zawsze, Amma stanowi doskonały przykład własnych nauk. Nawet dziś, po podjęciu się i sfinalizowaniu tylu szeroko zakrojonych projektów pomocy, Amma bardzo uważa, aby nie wydać niepotrzebnie nawet niewielkiej sumy. Na przykład kiedy naszą naturalną skłonnością, pisząc list do Ammy, byłoby użyć jak najlepszego papieru, Amma, z racji tego, że w aszramie mieszka ponad trzy tysiące osób i każda z nich otwiera przed Nią na piśmie swoje serce, prosi, aby do listów używać papieru, który z jednej strony jest już częściowo zadrukowany. Podobnie zaleca w kwestii sprawozdań z działu księgowości. Mimo iż trudno czyta się sprawozdania sporządzone na takim papierze, Amma mówi, że w ten sposób zaoszczędzimy pieniądze, które następnie możemy wykorzystać na zakup lekarstw, żywności czy odzienia dla kogoś w potrzebie. Tym samym ograniczymy również wycinkę drzew.

Amma zawsze mówi, że to łaska sprawia, że nasze starania wydają owoce. Nie wystarczy po prostu pracować i zarabiać. Bez pomocy Boga niewiele zdziałamy. Lecz Amma nie ma nigdy wątpliwości, że pomoc nadejdzie. Kiedy omawia nowy projekt, którego zamierza się podjąć, do dziś pojawia się w nas nieuniknione pytanie: „Amma, ale skąd zamierzasz wziąć na to fundusze?". Amma odpowiada tak samo jak wówczas, kiedy pytano Ją o pieniądze na artykuły spożywcze dla aszramu: „Pieniądze przychodzą i odchodzą. Bóg zapewnia wszystko, co potrzebne".

Rozdział 10

Ucieczka z sieci iluzji

„Zanim za bardzo się na coś nastawimy, przeanalizujmy, jak szczęśliwi są ci, którzy już to posiadają".

– Francois de La Rochefoucauld

„Pokora jest tak niezwykle atrakcyjna, ponieważ czyni cuda. Pozwala nam stworzyć najgłębszą możliwą więź z Bogiem".

– Monica Baldwin

W Tamil Nadu żyło czterech świętych, którzy znani są jako czterej Mistrzowie sziwaizmu. Jednym z tych Mistrzów był Sundarar, urodzony w wiosce Tirunavaloor. Przy narodzinach otrzymał imię Nambiaroorar, ale był tak ładnym dzieckiem, że nazywano go również Sundarar (piękny). Pewnego dnia przejeżdżający rydwanem król zobaczył Sundarara bawiącego się przy drodze. Gdy tylko jego oczy spoczęły na chłopcu, tak zachwycił się jego pięknem, że zsiadł z rydwanu i zaczął się z nim bawić. Wkrótce zorientował się, że jest on synem jego bliskiego przyjaciela. Poszedł więc do domu przyjaciela i zapytał, czy mógłby mu oddać dziecko. Przyjaciel nie widział innego wyjścia niż spełnić prośbę króla.

Król wychował zatem Sundarara jak własnego syna, troszcząc się o jego potrzeby, kształcąc go w pismach i ucząc szlachetnych ludzkich wartości. Kiedy chłopiec osiągnął dorosłość, zaaranżował dla niego małżeństwo z odpowiednią młodą kobietą. Tuż przed ślubem do Sundarara podszedł stary bramin i poinformował go: „Istnieje między nami konflikt prawny. Dopiero po jego rozwiązaniu możesz się ożenić".

Zupełnie zdezorientowany, Sundarar zapytał: „Co masz na myśli? Jaki konflikt prawny?".

Zwracając się do zgromadzonych, mężczyzna zawołał: „Słuchajcie wszyscy - ten młodzieniec jest moim niewolnikiem!".

Wszyscy obecni byli zdumieni. Sundarar jednak nie przejął się słowami bramina. „Jestem adoptowanym synem króla" - odparł z wyższością. - „Jak mogę być twoim niewolnikiem?".

Mężczyzna był nieugięty. „Dawno temu" - wyjaśnił - „twój dziadek był moim niewolnikiem i podpisał kontrakt, który mówił, że wszystkie następne pokolenia z jego rodu również będą moimi niewolnikami. Nie powinieneś mnie zatem ignorować".

„Jesteś szalonym starcem" - stwierdził Sundarar, po czym wybuchnął głośnym śmiechem.

„Możesz się śmiać, ale mam dowód swych roszczeń" - kontynuował starzec. Wyciągnąwszy pokryty pismem liść palmowy, powiedział: „To jest kontrakt podpisany przez twego dziadka".

Bez słowa Sundarar wyrwał mu z ręki liść i podarł na kawałki.

Rozgniewany starzec wykrzyknął: „Jak możesz lekceważyć podpisany kontrakt?". Następnie zwrócił się do tłumu: „Umowa musi zostać wypełniona!".

Tłum próbował go zbyć, mówiąc: „Twoje roszczenia są niezrozumiałe. Nigdy nie słyszeliśmy, aby bramin został niewolnikiem innego bramina".

„A jednak" - upierał się mężczyzna. - „Sundarar jest moim niewolnikiem, a ja jego panem. Pochodzę z Thiruvennai Nalloor i on musi wrócić tam ze mną i służyć mi".

Jako że starzec nalegał, król zgodził się, aby jego doradcy udali się do wioski i skonsultowali się z tamtejszą starszyzną w celu sprawdzenia, czy roszczenia bramina są uzasadnione.

Zatem Sundarar, doradcy króla oraz bramin wyruszyli do wioski. Kiedy dotarli, mężczyzna zaprowadził procesję przed wiejską radę starszych. Starsi również uznali mężczyznę za obcego - nikt go wcześniej nie widział. Lecz ponieważ upierał się, że pochodzi z tej wioski, zgodzili się go wysłuchać. Kiedy przedłożył swoje roszczenia i zrelacjonował wydarzenia dnia, jeden z radnych zauważył: „Teraz, kiedy Sundarar podarł liść, nie masz już dowodu na swoje roszczenia".

Mężczyzna odparł: „To była tylko kopia. Mam ze sobą oryginał podpisany przez jego dziadka". Mówiąc to, wyciągnął i pokazał wszystkim kolejny liść palmowy.

Po wnikliwej analizie i sprawdzeniu w rejestrze rada uznała kontrakt za ważny i powiedziała Sundararowi: „Choć może wydać się to dziwne, naprawdę jesteś jego niewolnikiem. Nie masz wyjścia. Musisz pójść do jego domu na służbę".

Następnie, zwracając się do starca, radcy powiedzieli: „Mówisz, że jesteś z tej wioski, i kontrakt potwierdza twoją przynależność do tego miejsca, ale nikt z nas wcześniej cię nie widział. Gdzie znajduje się twój dom? Proszę, pokaż nam, gdzie mieszkasz".

Bramin odparł: „Pójdźcie ze mną, a zaprowadzę was".

Wszyscy podążyli za nim z wielką ciekawością. Bramin poprowadził ich do centrum wioski, gdzie znajdowała się świątynia Sziwy. Nie rozglądając się, wszedł prosto do środka po schodach. Postawiwszy stopę w sanktum sanktorum, rozpłynął się w powietrzu.

Oszołomiony Sundarar upadł na kolana. Pełny uwielbienia dla Pana, zaczął zanosić się płaczem. Nagle Pan Sziwa stanął przed nim z Boginią Parwati u boku. Sziwa wyjaśnił: „Przyszedłem wyrwać cię ze szponów mai (iluzji)"[4]. Zanim ponownie zniknął, powiedział: „Pieśń wypełniona miłością jest najlepszym sposobem oddawania czci Bogu". Po tym incydencie Sundarar skomponował wiele pięknych pieśni do Sziwy, które do dziś są śpiewane. Do końca swych dni pozostał sługą Pana.

Warto przy tym pamiętać, że Sundarar miał możliwość spędzenia zaledwie kilku chwil w obecności Boskiej istoty, podczas gdy Amma poświęca nam całe swe życie. Powinniśmy wykorzystać tę okazję najlepiej jak potrafimy.

Istnieje piękne porównanie dwóch metod, jakich używali uczniowie Śri Ramakryszny, aby wyplątać się z sieci iluzji. Mówi się, że Nagamahasaja - jeden z jego świeckich uczniów - stał się tak mały, że mógł się prześlizgnąć przez oczka sieci, natomiast będący mnichem Swami Wiwekananda urósł tak duży, że sieć nie mogła go już przykryć.

Podobnie Amma uczy nas, że powinniśmy stać się niczym albo wszystkim. Oznacza to, że musimy stać się tak skromni,

---

[4] Według adwaity wedanty to maja (iluzja) sprawia, że dusza błędnie identyfikuje się z ciałem, umysłem i intelektem, zamiast ze swą prawdziwą naturą, będącą ponad wszelkimi atrybutami.

że nasze ego zniknie, albo też poszerzyć swą świadomość tak bardzo, że stracimy poczucie indywidualności i będziemy utożsamiać się jedynie z całością. Lecz w chwili obecnej większość z nas nie jest chętna podążyć żadną z tych ścieżek. Nie chcemy stać się wszystkim ani niczym. Każdy z nas chce być czymś.

Oczywiście Amma mówi nam, że jesteśmy „esencją OM". Pisma mówią nam, że jesteśmy Brahmanem. Inni Mistrzowie mówią nam, że jesteśmy jednym z Bogiem. Są to wszystko różne sposoby na wyrażenie tego samego faktu - że nasza prawdziwa natura jest nieograniczona, wieczna i błoga. Lecz zamiast doświadczać Tego widzimy siebie jako ograniczoną indywidualną istotę pełną lęku, złości, wątpliwości i bólu.

Zatem jeśli nie odczuwamy błogości Najwyższej Świadomości, można by oczekiwać, że będziemy postępować z pokorą. Lecz na to również nie jesteśmy gotowi. „Widzisz" - mówimy sobie - „Nie jestem jakimś byle jakim nikim. Jestem kimś. Nikt się ze mną nie równa". Takie myśli pojawiają się w naszym umyśle.

Zamiast próbować wznieść się ponad ego i zrozumieć naszą jedność z Najwyższym staramy się raczej wzmocnić ego i swą nieodzownie ograniczoną indywidualność. Pisma mówią, że niewiedzę można zdefiniować jako identyfikację z indywidualnym „ja". Z tej błędnej koncepcji powstają inne błędne koncepcje, a także każda potrzeba, każde pragnienie, każde poczucie zagrożenia i każdy lęk. Mając poczucie odrębnego „ja", będziemy starali się, aby to „ja" było chronione, kochane, chwalone i otaczane troską.

Kiedy przyjrzymy się uważnie temu, w jaki sposób pożytkujemy swą energię, co mówimy i robimy w ciągu dnia, zauważymy, że prawie wszystkie nasze słowa i czyny mają na celu zdobycie aprobaty innych - zapewnienie sobie pozycji w rodzinie lub społeczeństwie. Nawet ubrania, które nosimy, nasza fryzura i nasz podpis są niczym innym jak próbą zwrócenia na siebie uwagi i otrzymania pochwały. Jeśli nie zgadzasz się z tym, postaraj się spełnić dobry uczynek bez niczyjej wiedzy i zauważ, jak trudno będzie ci to utrzymać w tajemnicy.

Ostatecznie tylko prawdziwy Mistrz może usunąć nasze głęboko zakorzenione pragnienie uznania. Pewnej nocy dwóch mężczyzn wracało do domu z przyjęcia i postanowili pójść na skróty przez cmentarz. W połowie drogi zaskoczyło ich stukanie dobiegające spośród mglistych cieni. Trzęsąc się ze strachu, podążyli za odgłosami, po czym znaleźli starego mężczyznę z młotkiem i dłutem, rzeźbiącego w napisie mówiącym: tu leży Jack Brown.

„Och!" – wykrzyknął jeden z nich, łapiąc oddech. - „Przestraszył nas pan na śmierć. Myśleliśmy, że jest pan duchem! Co pan robi tutaj w środku nocy?".

„Ci głupcy" - odparł zrzędliwie mężczyzna, nie przerywając pracy. - „Zapomnieli dopisać 'doktor' na moim nagrobku".

Ostatecznie pragnienie aprobaty przejawia się jako pragnienie sławy. W dzisiejszym świecie widzimy, że każdy, szczególnie młodzi ludzie, pragną sławy bardziej niż czegokolwiek innego. W telewizji pokazywane są konkursy w prawie każdej dziedzinie, stworzone po to, aby zwycięzca w szybkim tempie osiągnął sławę. Wielu uważa, że zostać celebrytą to wartościowy cel, być może wyższy niż każdy inny. Lecz kiedy oceniamy wartość jakiegoś przedmiotu, pierwszym logicznym krokiem byłoby sprawdzić, czy inni, który już ten przedmiot zdobyli, odnieśli z niego korzyści. Stosując tę regułę do sławy, powinniśmy przyjrzeć się życiu celebrytów. Czy sława uczyniła ich bardziej szczęśliwymi, spokojnymi i spełnionymi?

Przeciwnie, istnieją niezliczone przypadki celebrytów, których życie rozpadło się u szczytu sławy. Oczywiście wszystkie te gwiazdy były jednakowo przekonane, że sława przyniesie im wyłącznie szczęście. Lecz sława nie prowadzi do istotnych zmian na poziomie wewnętrznym. Ten, kto czuje się smutny, niespokojny czy zły, po zdobyciu sławy pozostanie tą samą osobą.

Ardżuna był jednym z najpotężniejszych wojowników swych czasów. Mimo to kiedy musiał się zmierzyć z perspektywą walki przeciwko krewnym, a nawet swemu nauczycielowi łucznictwa, ogarnęły go bezradność i przygnębienie. W obliczu prawdziwego kryzysu cała jego sława i bogactwo stały się bezużyteczne. Tylko wskazówki Śri Kryszny wyprowadziły go z niezdecydowania i desperacji spowodowanych trudnym położeniem.

Niedawno Amma udzieliła wywiadu poczytnemu magazynowi. Jedno z pytań brzmiało: „Wielu celebrytów z całego świata przychodzi do Ammy po błogosławieństwo i radę. Zwykłym ludziom może wydawać się, że znane osoby mają wspaniałe życie, ponieważ dobrze zarabiają i cieszą się sławą. A co Amma myśli o ich szczęściu?".

Amma odparła: „Przychodzą do Ammy z powodu swych głębokich przemyśleń. Zrozumieli, że świat materialny ma swoje ograniczenia i że istnieje w życiu coś więcej niż to, co postrzegamy za pomocą intelektu. Dzięki własnemu doświadczeniu dostrzegli ograniczenia życia w świecie. Przyszli do Ammy, aby dowiedzieć się, jak osiągnąć spokój".

Pewien brahmaczari amerykańskiego pochodzenia spotkał niedawno podczas jednego z programów Ammy w Stanach Zjednoczonych swego najlepszego przyjaciela z czasów szkoły. Po studiach ich drogi się rozeszły. Brahmaczari wstąpił do aszramu Ammy, położonego w małej rybackiej wiosce w południowo-zachodnich Indiach, natomiast jego przyjaciel przyłączył się do zespołu rockowego, który wkrótce zdobył światową sławę. Mimo iż obaj zaczęli ostatecznie podróżować po całym świecie, obracali się oczywiście w różnych sferach.

Rozpoznawszy się nawzajem, zaczęli rozmawiać. Brahmaczari podzielił się swymi doświadczeniami z życia u boku Ammy, z kolei gwiazdor rocka opowiedział o swych występach przed publicznością składającą się z dziesiątek tysięcy podekscytowanych fanów, a także pochwalił się, że zgromadził już na koncie tyle pieniędzy, że przez resztę życia może odpoczywać. Jednak w miarę jak relacjonował swoje przygody, jego entuzjazm stopniowo słabł i było jasne, że nie zaznał spełnienia w sławie i bogactwie.

Gwiazdor wyjaśnił, że teraz szuka w życiu czegoś głębszego i bardziej wartościowego. Brahmaczari zabrał go na darszan i przyjaciel był wyraźnie poruszony tym doświadczeniem. W ciągu kilku miesięcy przyjechał do aszramu Ammy w Indiach i z dumą oznajmił, że rzucił narkotyki oraz inne używki. Poprosił nawet Ammę o błogosławieństwo dla swego najnowszego albumu.

W pewnym sensie sławni ludzie są szczególnie podatni na duchowość. Wielu z nas myśli, że zazna szczęścia, kiedy osiągnie pewne materialne cele. Lecz celebryci zdobyli już wszystko, co było do zdobycia, a mimo to wciąż czują, że czegoś im brakuje. Szczęście nie pochodzi z gromadzenia przedmiotów materialnych. Jest to raczej proces uwalniania się od czegoś, co posiadamy, a czego nie potrzebujemy. Tym czymś jest ego, czy inaczej poczucie „ja" i „moje".

Pewien mężczyzna modlił się do Boga: „Panie, pragnę szczęścia". W swym wnętrzu usłyszał odpowiedź: „Mój synu, jeśli usuniesz 'ja' oraz 'pragnę', wówczas automatycznie staniesz się szczęśliwy".

Innym kluczem do szczęścia jest wykonywanie naszych czynności z miłością. Prawdą jest, że wiele czynności musimy wykonywać. Ale nie musimy ich koniecznie nie lubić. Powinniśmy pamiętać, że w przypadku każdej czynności, której nie lubimy, istnieją ludzie, którzy tę samą czynność uwielbiają. Zatem my też możemy polubić każdą czynność. Kiedy polubimy jakieś zajęcie, przysporzy nam ono radości. Nie musimy czekać na rezultat działania (w sanskrycie karma phalam), aby doświadczyć błogości.

Radość czerpana z samego działania, w przeciwieństwie do radości z rezultatów działania, jest natychmiastowa. Nie zakłóca jej również prarabdha karma (rezultaty wcześniejszych czynów manifestujące się w obecnym wcieleniu). Prarabdha karma może wpłynąć na rezultat naszych działań i nie pozwolić nam zrealizować naszych zamierzeń, lecz nie jest w stanie odebrać nam radości z działania.

Niedawno pewien dziennikarz zapytał Ammę: „Czy nie jest Ci przykro, że nie masz czasu dla siebie i że nie możesz już na przykład pójść w nocy na plażę pomedytować?".

Amma odparła: „Moim pragnieniem zawsze było kochać innych, służyć im i ocierać ich łzy. Nie ma sensu myśleć o rzeczach, których nie mogę robić, i smucić się z tego powodu, ponieważ robię to, co chcę robić. Wtedy było tak, a teraz jest inaczej".

Ten sam dziennikarz zadał inne pytanie: „Na początku nie było tu nic. Zaczęło się od jednej chatki i garstki ludzi wokół ciebie. Teraz jest tu tak wiele budynków, projektów i instytucji, otrzymujesz zaproszenia na międzynarodowe konferencje na całym świecie, a gdziekolwiek się znajdujesz, cała uwaga skupia się wokół Ciebie. Jak się czujesz z tymi radykalnymi zmianami?".

Odpowiedź Ammy zdradza sekret Jej równowagi umysłu. „Zewnętrzna sytuacja się zmieniła, ale ja jestem zawsze ta sama. Tym, czym byłam wtedy, jestem teraz".

Amma nie chce stać się czymś. Jej wielkość polega na tym, że wie Ona, że jest wszystkim, a zachowuje się tak, jakby była niczym. Tłumacząc, jak wygląda świat z Jej szerokiej perspektywy, Amma powiedziała: „Cały wszechświat jest zaledwie maleńką bańką w bezkresnej przestrzeni mojej Świadomości". Tak rozległa jest Jej wizja i Jej doświadczenie.

Jeśli naprawdę chcemy się stać tak skromni jak Amma, musimy spróbować zobaczyć wszechświat takim, jakim naprawdę jest. To wystarczy, aby zrozumieć, że w rzeczywistości niewiele znaczymy.

Warto zastanowić się chwilę nad podstawowymi faktami astronomicznymi. Najpierw spróbuj sobie wyobrazić długość jednego roku świetlnego - 5.9 trylionów mil, czyli dystans równy okrążeniu Ziemi 240 milionów razy. Średnica naszej galaktyki,

Drogi Mlecznej, to sto tysięcy lat świetlnych. A jeżeli to nie wystarczy, abyśmy poczuli się całkowicie nieistotni, pomyśl, że najnowsze badania wskazują, że we wszechświecie istnieje około 125 bilionów galaktyk takich jak nasza. Natomiast my tracimy całą swoją energię, próbując przekonać innych o swej wielkości oraz kłócąc się, że nasza posesja ma sześć cali więcej w jedną lub siedem w drugą stronę.

Jeden z brahmaczarich opowiedział mi o lekcji pokory, której udzieliła mu Amma. Krótko po otrzymaniu inicjacji na brahmaczariego, kiedy przechadzał się po aszramie w swych nowych żółtych szatach, wierni zaczęli kłaniać się mu i dotykać jego stóp na znak szacunku. Takie traktowanie trwało przez kilka dni, po czym brahmaczari musiał wyjechać z aszramu, aby zająć się jednym z projektów Ammy. Kiedy opuszczał aszram, w jego torbach leżały nowe szaty, a do umysłu podświadomie zapakowane zostało oczekiwanie królewskiego przyjęcia podczas podróży.

Ku jego zaskoczeniu nikt nie zwracał na niego szczególnej uwagi, a w niektórych miejscach wydawało mu się, że słyszy złośliwe komentarze. Kilkanaście dni później wrócił do aszramu, rozczarowany i zdenerwowany swym doświadczeniem. Krótko po powrocie pewnego wieczoru miał okazję odwiedzić Ammę w Jej pokoju. Oczekiwała właśnie na przedstawiciela jednej z lokalnych wiosek, który poprosił o możliwość prywatnego spotkania z Nią. Mimo iż mężczyzna nie był wysoko postawiony, kiedy wszedł do pokoju, Amma pokornie wstała i odstąpiła mu swój fotel. Przedstawiciel był tak wzruszony Jej skromnością, że zamiast tego skłonił się przed Nią i usadowił się z szacunkiem u Jej stóp.

Brahmaczariego również ujęła pokora Ammy. Nagle zrozumiał, jak głupi był, oczekując szczególnego traktowania. Jak mógł oczekiwać czegoś wyjątkowego od świata, kiedy nawet jego duchowa Mistrzyni, Boska Matka wielbiona przez miliony na całym świecie, nie oczekiwała niczego od nikogo? Był to ze strony Ammy prosty gest, ale wystarczył, aby wyprowadzić go z błędnego myślenia.

Jako że identyfikujemy się z ciałem, umysłem i intelektem, opinia innych wiele dla nas znaczy. Lecz Amma mówi, że nie jesteśmy jak świeczki, które nie zapłoną bez pomocy innych, lecz jak wiecznie jaśniejące słońce, które roztacza wspaniałe światło samo z siebie. Dopóki polegamy na innych, jesteśmy zdani na ich łaskę. Aby rozwiązać ten problem, Amma poleca, abyśmy szukali obecności Boga wewnątrz i zaczęli polegać na Nim - ponieważ jest On w rzeczywistości naszą Prawdziwą Naturą.

W ten sposób, zamiast próbować zwrócić uwagę innych na siebie zaczynamy darzyć swoją uwagą ich. Zamiast myśleć o sobie zaczynamy widzieć Siebie we wszystkich żyjących istotach.

Rozdział 11

Nowa teoria ewolucji

„Człowiek nie zacznie żyć, dopóki nie przeniesie swej uwagi z ograniczonej ciasnoty swych indywidualnych problemów na szersze problemy ludzkości".

– Martin Luther King Jr.

Powszechnie znana jest teoria ewolucji Darwina, która mówi, że wszystkie żywe istoty wyewoluowały do swej obecnej postaci poprzez procesy selekcji naturalnej i adaptacji zachodzące na przestrzeni milionów lat. Lecz w przypadku fizycznej ewolucji nie ma ostatecznego celu, końca czy doskonałości. Prawdziwą doskonałość można osiągnąć jedynie wewnątrz.

Co więcej, wydaje się, że proces fizycznej ewolucji zaczął się odwracać. Amma mówi, że istnieją trzy rodzaje ludzi: prakriti (zwyczajni), vikriti (wypaczeni) oraz samskriti (wysublimowani). Kiedy osoba typu prakriti otrzyma jedzenie, po prostu zje to, co zostało jej podarowane. Osoba typu vikriti skonsumuje natomiast nie tylko swoją porcję, lecz również zabierze ile się da innym. Lecz z kolei osoba typu samskriti najpierw podzieli się swym jedzeniem z pozostałymi, a dopiero później sama przystąpi do konsumpcji. Amma mówi, że ludzie powinni ewoluować od prakriti do samskriti, lecz niestety w dzisiejszych czasach często dewoluują od prakriti do vikriti. Podczas gdy

według teorii Darwina małpy wyewoluowały do ludzi, ludzie stają się coraz bardziej samolubni i można odnieść wrażenie, że zamiast piąć się w górę po drabinie ewolucji schodzą coraz niżej.

Pewien starszy rolnik zmarł i wyprawiono mu wystawny wiejski pogrzeb. Pastor długo rozwodził się nad zaletami zmarłego - jak uczciwym był człowiekiem, jak kochającym mężem i dobrym ojcem. W końcu wdowa po mężczyźnie, nachyliwszy się ku jednemu ze swych dzieci, wyszeptała: „Zajrzyj do trumny i zobacz, czy to rzeczywiście twój ojciec tam leży".

W dzisiejszym świecie trudno nam uwierzyć w dobroć nawet bliskich nam osób. Lecz Amma zawsze wierzy we wrodzoną dobroć swych dzieci. Pokłada Ona więcej wiary w naszą zdolność ewolucji niż my sami.

Często usprawiedliwiamy swoje zachowanie oraz impulsy, którym ulegamy, mówiąc: „To przecież naturalne" lub „Jesteśmy tylko ludźmi". Natomiast Amma uczy nas, jak wznieść się z poziomu naszej niższej natury do poziomu naszych ideałów, nie odwrotnie. Twierdzi, że Jej życie jest dowodem na to, że Najwyższą Prawdę można odkryć nawet pośród licznych obowiązków oraz w najmniej sprzyjających okolicznościach.

Potrzebujemy zatem teorii ewolucji duchowej. Zamiast skupiać się na postępie dokonującym się na zewnątrz powinniśmy zrozumieć zasady, jakimi rządzi się nasz wewnętrzny rozwój. Musimy poznać metody, które pomogą nam oczyścić umysł, intelekt i ego. Ten proces zachodzi w nas naturalnie, kiedy regularnie oddajemy się praktyce duchowej oraz przyswajamy sobie duchowe prawdy. Za jego pośrednictwem stopniowo osadzamy się w swej prawdziwej naturze.

Niektórzy zastanawiają się: „Dlaczego ludzie wielbią Ammę? Czy nie jest Ona w końcu człowiekiem, jak każdy z nas?". Odpowiedź brzmi: „Tak, Amma jest człowiekiem - w prawdziwym znaczeniu tego słowa. Wszystkie szlachetne cechy, które odróżniają ludzi od bestii, są w Niej w pełni obecne".

Wiele możemy się nauczyć z modnych ostatnio filmów o superbohaterach. Wszędzie widzimy billboardy reklamujące te filmy. Wyraźnie ludzie pragną czegoś nadzwyczajnego, wykraczającego poza realia ludzkiej natury. Chcemy wierzyć, że istnieje w nas nadludzki potencjał, który pozwoli nam wyjść poza nasze obecne ograniczenia. Kiedy obserwujemy, jak superbohaterzy latają, wyginają stal i pokonują potężnych przeciwników, doznajemy chwilowego uniesienia, lecz gdy pojawiają się napisy końcowe, powracamy do szarej rzeczywistości naszych ułomności.

Ta sama tęsknota za nadludzką siłą sprawia, że tak bardzo kochamy Ammę. Amma jest przecież prawdziwą superbohaterką - topi stal naszych serc, lata dookoła świata i pomaga nam pokonać wewnętrznego superwroga w postaci naszych negatywnych tendencji, podczas gdy Jej białe sari powiewa na wietrze niczym peleryna.

Na przykładzie własnego życia Amma pokazuje nam, że można pokonać ludzkie ograniczenia, jeżeli tylko staniemy się duchowym superczłowiekiem. W przypadku filmowych superbohaterów możemy czasem doszukać się w ich działaniach ukrytego motywu. Zatem są oni wyjątkowi jedynie na zewnątrz, natomiast wewnątrz nie różnią się od zwyczajnych ludzi.

W działaniach Ammy nie znajdziemy jednak ukrytych motywów. Jej współczucie jest prawdziwie bezwarunkowe. Nie oczekuje Ona pochwały za to, co robi. Kiedy w 2006 roku przyjęła w Nowym Jorku międzywyznaniową nagrodę Jamesa Parks Mortona, skromnie oświadczyła: „W rzeczywistości to jedynie dzięki bezinteresowności i poświęceniu milionów wiernych na całym świecie jestem w stanie zaoferować jakąkolwiek pomoc społeczeństwu. Tak naprawdę ta nagroda oraz uznanie należą się im. Ja jestem jedynie instrumentem".

Jednym z największych dowodów na autentyczność współczucia i miłości Ammy jest fakt, że cechy te zaczęły się w Niej przejawiać spontanicznie, gdy tylko była wystarczająco duża, aby samodzielnie działać. W tamtym czasie w Jej okolicy nie było żadnych duchowych nauczycieli ani spotkań. Do dwudziestego szóstego roku życia Amma nie oddaliła się od domu na więcej niż sześć mil. Mimo to zawsze postępowała uczciwie i prawo. Kiedy dziennikarz zapytał Ją, skąd wyniosła te nauki, odparła, że zawsze po prostu robiła to, co uważała za słuszne. „Dla mnie wszystko pochodzi z wewnątrz" – powiedziała. – „Jestem dostrojona do Prawdziwej Jaźni". Ammy nigdy nie interesowało czynienie cudów, lecz Jej bezinteresowna miłość jest największym cudem ze wszystkich.

Była sobie kiedyś rajska wyspa, na której żyły personifikacje wszystkich ludzkich cech. Pewnego dnia morze zaczęło się podnosić i stało się jasne, że wyspa wkrótce zostanie zalana. Wszystkie cechy opuściły wyspę jedna po drugiej. Została jedynie Miłość. Nie myśląc o sobie, chciała się upewnić, że inni zostaną bezpiecznie ewakuowani. Kiedy wszyscy odpłynęli i wyspa znalazła się prawie w całości pod wodą, Miłość uświadomiła sobie, że ona też musi odejść, jeśli chce przetrwać. Właśnie wtedy zobaczyła Bogactwo mijające ją wspaniałą łódką. Miłość zapytała: „Bogactwo, czy mogę popłynąć z tobą?".

Bogactwo pokręciło głową. „Przykro mi, ale moja łódka wykonana jest ze srebra i złota. Nie ma tu dla ciebie miejsca".

Wtedy Miłość postanowiła zapytać Próżność, która również przepływała właśnie obok piękną łódką. „Próżność, pomóż mi, proszę".

„Nie mogę ci pomóc" - odparła z obrzydzeniem Próżność. - „Jesteś cała mokra i poplamisz moją cudowną łódkę".

Następnie Miłość ujrzała w innej łódce Smutek. „Smutek" - zawołała - „Proszę, zabierz mnie ze sobą".

Smutek odparł: „Przykro mi, Miłość - chcę być teraz sam".

Na widok Szczęścia w sercu Miłości zaiskrzyła nadzieja. „Szczęście, weź mnie ze sobą" - poprosiła. Ale Szczęście tak się cieszyło z powodu ocalonego życia, że nie słyszało wołania Miłości.

W końcu Miłość pogodziła się z własnym losem. Gdy niemalże pochłonęła ją woda, usłyszała pełen dobroci głos: „Chodź, Miłość, zabiorę cię ze sobą". Miłość nie wiedziała, z kim ma do czynienia. Ujrzała jedynie postać starszego człowieka, który zaprosił ją do łódki i odwiózł na stały ląd. Była tak przepełniona wdzięcznością, że zapomniała zapytać mężczyznę o imię, a kiedy zostawił ją na lądzie, natychmiast odszedł.

Gdy patrzyła, jak znika w oddali, zauważyła przechodzącą obok Wiedzę. „Kim był ten mężczyzna, który mi pomógł?" - zapytała ją.

„To był Czas" - odparła Wiedza.

„Dlaczego Czas mi pomógł, kiedy nikt inny nie chciał?" - zdziwiła się Miłość.

Wiedza uśmiechnęła się gorzko, po czym odpowiedziała: „Tylko Czas jest w stanie zrozumieć wielkość Miłości".

Kiedy Amma udzielała wywiadu dla programu 20/20 amerykańskiej stacji ABC, w pewnym momencie korespondent, zdumiony ogromem pracy, jaką Amma wykonuje dla świata, zapytał z niedowierzaniem: „Czy to wszystko, czego świat potrzebuje? Miłości? Uścisku? Czy to naprawdę aż takie proste?". Amma poprawiła go: „Miłość nie jest zwyczajna. Miłość podtrzymuje życie. Jest wyjątkowa. Wszystko opiera się na miłości. Miłość jest źródłem".

Rozdział 12

Zobaczyć znaczy uwierzyć: Jak miłość Ammy odmienia życia

„Człowiek jest częścią całości zwanej przez nas „Wszechświatem", częścią ograniczoną czasem i przestrzenią. Doświadcza siebie, swoich myśli i uczuć jako czegoś odrębnego od reszty - jest to złudzenie optyczne w jego świadomości. To złudzenie jest swego rodzaju więzieniem, zawężającym nasze uczucia do kilku najbliższych nam osób. Nasze zadanie polega na wydostaniu się z tego więzienia poprzez poszerzenie swego kręgu współczucia tak, aby objął on wszystkie żyjące istoty i całą naturę w pełni jej majestatu".

– Albert Einstein

Niedawno czytałem wywiad z mężczyzną, który postanowił za darmo przytulać ludzi. Zamieścił ogłoszenie na rogu ulicy, ale ponieważ nie było odzewu, zaczął zaczepiać przechodniów, oferując im bezpłatne uściski. Większość ludzi, do których podchodził, odwracała się i zaczynała iść w przeciwnym kierunku. Wiele kobiet było urażonych, myśląc, że chce je poderwać. Z tysiąca osób, do których się zwrócił, tylko jedna czy dwie skorzystały z jego oferty. Dokładnie takiego rezultatu byśmy się spodziewali, czyż nie? Kto przy zdrowych zmysłach przyjąłby uścisk od obcego?

Tymczasem Amma w podobnej sytuacji osiąga zupełnie inne rezultaty. Pamiętam, jak pewnego razu na lotnisku pomiędzy jednym programem a drugim tuliła wiernych, którzy zorganizowali poprzedni program i towarzyszyli jej w drodze na lotnisko. Z boku scenie tej przyglądał się z niesmakiem biznesmen niemający nic wspólnego z naszą grupą. Początkowo jedynie wychylał od czasu do czasu głowę znad gazety. Lecz kiedy tłum wokół Ammy zaczął się zagęszczać i pracownicy lotniska oraz inni biznesmeni również dołączyli na darszan, gazeta opadła mu na kolana. W końcu on też ustawił się w kolejce po darszan.

Później, kiedy Amma weszła wraz z podróżującymi z Nią wiernymi do samolotu, zerknąwszy do tyłu, ujrzałem tego samego biznesmena, znów siedzącego samotnie. Nie wrócił jednak do swej gazety, lecz powstrzymywał łzy, spoglądając przez okno na samolot, do którego wsiadła Amma.

Na czym więc polega różnica? Dlaczego mężczyzna, który oferował darmowe uściski, spotkał się z tak marnym odzewem, podczas gdy Ammie, oferującej w zasadzie to samo, nikt nie może się oprzeć? Różnica polega na jakości oferowanego uścisku. Uścisk Ammy nie jest oczywiście zwykłym uściskiem. Amma mówi: „Kiedy Amma przytula kogoś, nie chodzi tu jedynie o fizyczny kontakt. Miłość, którą Amma czuje do wszelkiego stworzenia, płynie do każdej osoby, która do Niej przychodzi. Te szlachetne wibracje miłości oczyszczają ludzi, pomagając im w wewnętrznym przebudzeniu i rozwoju duchowym".

Niedawno, kiedy na darszan przybyły tłumy wiernych, podeszła do Ammy dziewczynka z kartką papieru w dłoni. Było to jej pierwsze spotkanie z Ammą i bardzo pragnęła pokazać Jej swój rysunek, ale Amma udzielała darszanu w zawrotnym tempie i wydawało się, że nie znajdzie czasu, aby spojrzeć na kartkę. Lecz właśnie wtedy, pośród całego tego zgiełku, Amma kątem oka dostrzegła dziewczynkę.

W swej następnej wolnej chwili zwróciła się do dziewczynki słowami: „Proszę, pokaż mi swój rysunek!". Dziewczynka była wniebowzięta. Zaprezentowała swe dzieło, a Amma wyglądała na zachwyconą. W tym czasie reszta z nas usiłowała odgadnąć, co przedstawiał rysunek. Była to abstrakcyjna kompozycja przypominająca olbrzymią fokę w rakietach śnieżnych.

Amma pochwaliła dziewczynkę, a następnie zaczęła ją uczyć rysunku. Wzięła do ręki inną kartkę i położywszy ją na plecach wiernego, któremu właśnie dawała darszan, narysowała na niej kwiatek, mówiąc: „Widzisz, tak się rysuje kwiatek. Teraz ty narysuj". Dziewczynka natychmiast zabrała się do pracy i szybko sporządziła swoją wersję kwiatka. „Bardzo dobrze" - pochwaliła z czułością Amma, a następnie, jak gdyby miała nieskończoną ilość czasu, pokazała jej, jak rysować jeszcze jeden kwiatek, drzewo, ptaka oraz wiele innych rzeczy, nie przestając przy tym udzielać darszanu. Później dowiedzieliśmy się, że dziewczynka ta cierpiała na dysleksję i uczyła się gorzej od innych. Z pewnością Amma była tego świadoma. Kontakt z Ammą wywarł na dziewczynkę ogromny wpływ. Od tamtej pory nie ma problemów w nauce i nie odstaje od pozostałych uczniów. Za sprawą tego jednego spotkania dziewczynka była w stanie ujrzeć świat w zupełnie innym świetle.

Podobny przykład stanowi historia wiernego z Seattle. Po raz pierwszy wybrał się na program Ammy miejskim autobusem. Cierpiał na stwardnienie rozsiane i poruszał się wyłącznie o lasce. W momencie pierwszego spotkania z Ammą był bezrobotny i żył albo na ulicy, albo w tanim budownictwie, jako że jego jedyne źródło przychodu stanowiła renta. Jego bieda nie była jedynie materialnym ubóstwem, lecz również ubóstwem duchowym. Prześladowało go poczucie braku wiary w siebie i bezradności. Tego pierwszego wieczoru z Ammą pozostał na satsangu i bhadżanach, a następnie odszedł rozradowany, nie otrzymawszy nawet darszanu.

W drodze do domu, z racji tego, że długo musiałby czekać na autobus, a był tak pełen energii, postanowił przejść się do następnego przystanku. Następnie, przystanąwszy na chwilę, pomyślał: „O , jeszcze zostało trochę czasu. Mógłbym przejść jeszcze jeden przystanek". Tym sposobem dotarł do domu przed autobusem.

Ktoś mógłby przypisać to chwilowemu zastrzykowi adrenaliny, ale mężczyzna nie poprzestał na tym. Wkrótce pozbył się laski, ponieważ stwardnienie rozsiane nie dawało mu się więcej we znaki tak jak dawniej. Lecz jego ekspresowa poprawa zdrowia była zaledwie niewielką częścią transformacji, która dokonała się w nim po poznaniu Ammy. Kilka miesięcy po pierwszym spotkaniu z Ammą złożył podanie o pracę w projekcie mieszkaniowym realizowanym w jego miejscu zamieszkania. Został mianowany kierownikiem do spraw wspólnoty. Kilka miesięcy po otrzymaniu tej pracy awansował na kierownika całego centrum. Dwa lata później został dyrektorem naczelnym Centrum Alarmowego, jednego z największych banków żywności w Seattle. Po kilku kolejnych latach zaczął pracować dla miasta i dziś jest dyrektorem Miejskiego Ośrodka Interwencji Kryzysowej oraz Administracji Grantów Blokowych. W swym biurze na sześćdziesiątym piętrze, z którego roztacza się widok na miasto, trzyma zdjęcie Ammy oraz egzemplarz jednego z Jej przemówień dostępny dla każdego. Amma nawet nie dotknęła go fizycznie podczas pierwszego spotkania, ale samo przebywanie w Jej obecności spowodowało w nim ogromną przemianę. Amma pokłada w nas tak wielką wiarę, że nie mamy wyjścia, jak tylko sami w siebie uwierzyć.

Pewien brahmaczari jechał kiedyś autobusem, aby poprowadzić program. Mężczyzna siedzący obok zapytał go, do jakiego należy aszramu i dokąd jedzie. Brahmaczari uprzejmie udzielił mu informacji. Zanim mężczyzna wysiadł, podał brahmaczariemu swój numer telefonu i poprosił, aby odwiedził on jego dom, kiedy następnym razem będzie przejeżdżał przez miasto.

Kilka miesięcy później brahmaczari przejeżdżał przez to samo miasto i nagle poczuł silną potrzebę zadzwonienia do mężczyzny. Mężczyzna odebrał i zaoferował, że odbierze go z przystanku. Brahmaczari wysiadł na najbliższym przystanku i po chwili siedział już w samochodzie z mężczyzną. Gdy tylko ruszyli, zorientował się, że mężczyzna jest kompletnie pijany. Był w szoku. Zanim zdążył się otrząsnąć, dotarli pod dom. Wysiedli z samochodu i mężczyzna otworzył drzwi, zapraszając gościa do środka.

W progu powitały go żona oraz matka mężczyzny. Obie miały łzy w oczach. Żona powiedziała brahmaczariemu, że kilka minut wcześniej mężczyzna pokłócił się z matką. Kiedy próbowała interweniować, wziął do ręki nóż kuchenny i właśnie zamachnął się na nią, gdy nagle zadzwonił telefon. Słysząc głos brahmaczariego, mężczyzna oprzytomniał, odłożył nóż i pojechał odebrać gościa. Gdyby telefon zadźwięczał chwilę później, mężczyzna mógłby ją zabić.

Po wizycie brahmaczariego charakter mężczyzny uległ całkowitej transformacji. Zabrał matkę oraz żonę do Ammy i wyznał przed Nią wszystkie swoje grzechy. Amma poradziła mu: „Nie marnuj swego życia, synu". Mężczyzna wziął sobie Jej słowa do serca. Od tamtej pory nie tknął alkoholu i z oddaniem troszczy się o obie kobiety.

Miłość Ammy może dotknąć nawet najmroczniejszych i niemal zapomnianych zakamarków ludzkiego serca. Nawet przestępcy doznają przeobrażenia pod wpływem Jej miłości.

Pewien młody mężczyzna wspomina, jak przyłączył się do gangu, gdzie zażywał i sprzedawał narkotyki, a nawet został postrzelony przez członka konkurencyjnej grupy. Kiedy zobaczył zdjęcie Ammy w czasopiśmie, postanowił wybrać się na program. Spędził całą noc, obserwując Ammę, ale sam nie poszedł na darszan. Był jednak zdumiony Jej bezinteresowną, bezwarunkową miłością, a Jej słowa o służbie ludzkości zainspirowały go i podniosły na duchu.

Mimo to wciąż powracała do niego przeszłość i nie był w stanie przezwyciężyć swoich uzależnień. Skończył jako bezdomny, mieszkając na ulicy. Wiedząc, że życie w miłości i służbie jest możliwe, lecz nie potrafiąc przyjąć tej postawy samemu, pomyślał, że lepiej byłoby umrzeć. Wówczas został aresztowany i wtrącony do więzienia. Po kilku tygodniach w więzieniu zaczął nagle wspominać Ammę oraz uczucie, jakiego doznał w Jej obecności - że pomimo całej jego przeszłości i przestępstw Ona zawsze będzie go kochać jak najdroższego syna. Na to wspomnienie z jego oczu popłynęły łzy radości. Choć był w więzieniu, po raz pierwszy w życiu poczuł się jak wolny człowiek.

Po tym przeżyciu opowiedział ponad siedemdziesięciu współwięźniom o pełni miłości, jakiej doświadczył w obecności Ammy. Napisał do aszramu Ammy w Kalifornii i otrzymał paczkę zawierającą książki oraz zdjęcia Ammy, a także słowa zachęty od kliku rezydentów aszramu. Czytał książki i podawał je dalej, a zdjęciami udekorował celę.

Krótko później wpadł na pomysł zorganizowania kolacji dla więźniów z okazji Święta Dziękczynienia, w geście służby dla otaczających go ludzi. Po kolacji jeden ze strażników powiedział mu, że nigdy czegoś takiego nie widział, a kilku więźniów wyznało, że przez ten jeden dzień mogli zapomnieć, że są w więzieniu.

Niebawem mężczyznę wypuszczono na wolność i obecnie spędza swój czas, wyciągając pomocną dłoń do tych, którzy czują się bezradni i stracili nadzieję. Poprzez amerykańską organizację Ammy o charakterze non-profit pomaga szerzyć przesłanie Ammy w więzieniach w całym kraju, dostarcza Jej książki i pośredniczy w programie wymiany listów z innymi wiernymi. Każdego roku zabiera również grupę bezdomnych i byłych narkomanów na darszan, gdzie otrzymują ciepły posiłek oraz transformujący uścisk Ammy.

Jeden z wersów Guru Gita mówi:

Ajñāna timirāndhasya jñānāñjana śalākayā

Cakṣurun mīlitam yena tasmai śri gurave namaḥ

Pokłony dla Guru, który otworzył oczy zaślepionym kataraktą niewiedzy
Za pomocą igły pokrytej maścią wiedzy.

Słowa prawdziwego Mistrza posiadają zdolność otwierania naszych oczu na drzemiący w nas potencjał. Prawdę tę doskonale ilustruje historia innego więźnia. Po aresztowaniu w 1996 roku i skazaniu na dziesięć lat więzienia jego skłonności kryminalne jedynie się nasiliły. W końcu zaatakował strażnika więziennego i otrzymał dodatkowe trzy lata w izolatce. W tamtym czasie mógł wychodzić z celi jedynie na godzinę dziennie. Po trzech miesiącach spędzonych w odosobnieniu rozejrzał się wokół siebie i zadał sobie pytanie: „W jaki sposób znalazłem się tutaj?". Zrozumiał, że musi się zmienić, ale nie wiedział jak. Następnego dnia wiozący wózek z książkami strażnik zapytał go, czy chciałby coś przeczytać. Więzień zobaczył na wózku jedną z książek Ammy. Jego uwagę przykuło zdjęcie na okładce i wybrał tę książkę. Czytając o chwiejnej naturze umysłu i o podejmowaniu złych decyzji pod wpływem emocji, uświadomił sobie, że Amma idealnie opisała jego własne dotychczasowe życie. Zastosował się do Jej wskazówek dotyczących prostej medytacji i z czasem stał się bardziej świadomy swych emocji, dzięki czemu mógł podejmować lepsze decyzje. W końcu zauważył, że w przypływie złości nie obraża już ludzi, a także potrafi powstrzymać się od czynów, których później mógłby żałować.

Mówi, że był to dla niego pierwszy krok do zdobycia kontroli nad zachowaniami, które dotychczas uważał za część swej osobowości. Dziś, studiując fizykę i inżynierię, zbiera same najlepsze oceny. Wszystkie swoje osiągnięcia przypisuje Ammie oraz Jej Boskiej mądrości i miłości.

Amma ratuje dusze i przeobraża nawet najtwardsze z serc również w Indiach. Pamiętam historię mężczyzny, który w dojrzałym wieku został wiernym. Powiedzieć, że miał burzliwą przeszłość, to za mało. Jako chłopiec często był poniżany w szkole. Pewnego dnia odegrał się skutecznie i zauważył, że zaskarbił sobie szacunek nawet najsilniejszego i najbardziej złośliwego chłopaka, a w innych wzbudził lęk. Po tym incydencie nikt nie odważył się go dotknąć. Zrozumiał wówczas, że przemoc zapewnia bezpieczeństwo i władzę. Zapamiętał sobie tę lekcję i w młodym wieku został zbirem do wynajęcia, zatrudnianym przez pożyczkodawców w celu ściągania należności. Doszło do tego, że jego nazwisko wywoływało dreszcze u nękanych dłużników jego pracodawców.

I wtedy pewnego dnia jego żona pojechała zobaczyć Ammę. Poruszona Jej życiem, przesłaniem i troskliwą postawą, została wierną i odwiedzała aszram tak często, jak tylko mogła. Zaopatrzyła się również w zdjęcia Ammy, które ustawiła w domowym pokoju do pudży. Im bardziej zbliżała się do Ammy, tym bardziej przeszkadzał jej charakter pracy męża oraz wypijane przez niego duże ilości alkoholu. Często zachęcała go, aby pojechał z nią do Ammy, ale on nigdy nie wykazywał zainteresowania. Nie chcąc jej sprawiać przykrości, w końcu zgodził się przysiąc na zdjęcie Ammy, że rzuci picie i przestępczość. Uczynił to jednak tylko po to, aby ją udobruchać, nie zamierzając zaprowadzić w życiu żadnych zmian. Lecz następnego razu, kiedy żona znów namawiała go do odwiedzenia aszramu, z niewiadomego powodu uległ.

Od chwili wyegzekwowania na mężu przysięgi żona widziała się wówczas z Ammą po raz pierwszy, nie miała zatem dotychczas okazji, aby wspomnieć Jej o tym. Lecz gdy tylko mąż uklęknął przed Ammą, Amma skarciła go: „Synu, jak mogłeś złamać przysięgę?". Słowa Ammy, mimo iż wypowiedziane całkiem zwyczajnie, były dla niego jak uderzenie piorunem - Amma wiedziała o jego przysiędze. Wiedziała również o wszystkim, co powiedział i zrobił. Dostrzegła w nim jednak także wystarczająco dużo dobroci, aby objąć go i nazwać swym najdroższym synem. Od tamtej pory mężczyzna dotrzymywał przysięgi i stał się jednym z najbardziej żarliwych wiernych Ammy w swej okolicy. Wziął sobie do serca również przesłanie Ammy i część swego dochodu - z nowej, legalnej pracy - przeznacza na zakup mundurków oraz podręczników dla ubogich uczniów.

Amma mówi: „Nawet zepsuty zegarek dwa razy na dobę pokazuje właściwy czas". Z tym niezwykle hojnym i nieskończenie cierpliwym nastawieniem naprawia Ona zepsute ludzkie istoty i składając je w całość, ofiaruje światu jako swe błogosławieństwo. Dmuchając na ostatnie iskierki dobroci w najczarniejszych sercach, potrafi rozpalić ogień miłości, współczucia i oddania wyrażający się zarówno w aktach zamierzonych, jak i przypadkowych.

To dzięki swej miłości Amma zmienia sposób, w jaki ludzie na całym świecie postrzegają siebie, swój potencjał, swoje środowisko i swój świat. Nie ogranicza się to jedynie do tych, których Amma obejmuje fizycznie. Wielu ludzi nie stać na przyjazd do aszramu ani nie mieszkają w pobliżu miejsc, które

Amma odwiedza, lecz kiedy słyszą o Jej przedsięwzięciach, oni również chcą uczynić co w ich mocy, gdziekolwiek się znajdują.

Amma mówi: „Człowiek osiąga spełnienie, kiedy wiedza i miłość idą ze sobą w parze. Niech serca moich dzieci wypełnią się prawdziwą wiedzą i miłością. Niech staną się one w ten sposób światłem dla całego świata".

Rozdział 13

Wychodząc poza strefę komfortu

„Jedyne, o co usilnie prosi cię Bóg, to abyś pozwolił mu zamieszkać w sobie, sam usuwając się w cień".

– Mistrz Eckhart

Amma opowiada następującą historię. Pewien generał zauważył, że jego dobrze zapowiadający się młody kapitan uzależnił się od alkoholu. Wezwał podchmielonego kapitana do swego biura i powiedział: „Jesteś dobrym człowiekiem, ale marnujesz się. Jeśli zachowasz trzeźwość, niebawem zostaniesz pułkownikiem".

Kapitan roześmiał się i odparł: „Nie opłaca mi się to. Jeśli zachowam trzeźwość, mogę zostać jedynie pułkownikiem, natomiast kiedy piję, jestem już generałem!".

Amma często powtarza: „Łatwo jest obudzić śpiącego, lecz trudno obudzić kogoś, kto udaje, że śpi". Oznacza to, że jesteśmy po części świadomi, że nasze wybory nie zawsze współgrają z naszymi duchowymi celami.

Amma często modli się ze swymi dziećmi w następujący sposób:

Panie, niech każda moja myśl będzie o Tobie.
Niech każde moje słowo będzie hymnem
śpiewanym na Twą cześć.
Niech każdy mój czyn stanie się ofiarą
złożoną u Twych lotosowych stóp.
Niech każdy mój krok przybliża mnie do Ciebie.

Warto przeanalizować, czy nasze uczynki pasują do tej modlitwy. Nie ma przecież sensu modlić się, aby każdy nasz krok przybliżał nas do Boga, a następnie zrywać się i biec w przeciwnym kierunku.

Pewien mężczyzna stał w milczeniu przy łóżku umierającego ojca. „Synu, pamiętaj proszę" - wyszeptał starzec - „że majątek nie przyniesie ci szczęścia".

„Wiem o tym, tato" - odparł syn. - „Ale przynajmniej pozwoli mi wybrać taki rodzaj nieszczęścia, które będzie mi najbardziej odpowiadać".

Tak jak w tym przykładzie, większość z nas zadowala się mniejszym złem. Dokonujemy wyborów sprzecznych z naszym duchowym życiem, ponieważ zapewniają nam one komfort. Lecz aby osiągnąć duchowy cel, musimy albo poszerzać swoją świadomość tego, kim jesteśmy, dopóki nie obejmie ona całego wszechświata, albo całkowicie o sobie zapomnieć. Obie metody wymagają wykroczenia poza strefę komfortu, robienia rzeczy, których nie lubimy, oraz przedkładania potrzeb i pragnień innych ponad własne. Na szczęście Amma jest ekspertem w braniu nas za rękę i łagodnemu wyprowadzaniu z więzienia strefy komfortu, poza nasze osobiste upodobania i antypatie.

Pewnego razu podczas trasy północnoindyjskiej podróżująca z Ammą grupa zatrzymała się przy drodze na obiad. Amma podała każdemu talerz z ryżem, curry z tapioki i sambarem. Po modlitwie, kiedy wszyscy zaczęli jeść, Amma zauważyła, że brahmaczari siedzący obok Niej nie wziął nic do ust. Spoglądał tylko posępnie na swój talerz. Nie był miłośnikiem tapioki. „Synu, zjedz trochę" - skarciła go Amma. Godząc się z losem, brahmaczari przełknął kilka kęsów. Nagle Amma wyciągnęła rękę i zgarnęła większą część jego curry z tapioki na swój talerz. Patrząc jak je, brahmaczari był zawstydzony, ponieważ w Indiach bez szacunku jest pozwolić komuś, a szczególnie Guru, jeść ze swojego napoczętego talerza. Ale Amma była niewzruszona. Kiedy skończyła, oznajmiła: „Zabrałam jego curry - niech ktoś mu trochę dołoży".

Brahmaczari, który serwował jedzenie, nałożył mu dokładkę, a on posłusznie przystąpił do jedzenia. Lecz kiedy jadł, stało się coś dziwnego. Nagle pomyślał, że skoro Amma zabrała curry z jego talerza, znaczy to, że musi Jej ono bardzo smakować. Dlaczego więc on miałby go nie polubić? Rozumując w ten sposób, zorientował się, że smak curry wcale mu już nie przeszkadza. Jakiś czas później zauważył, że ilekroć je curry z tapioki, przypomina mu to o Ammie. W ten sposób stopniowo przekonywał się do tego dania. Obecnie, kiedy serwowana jest tapioka, prosi nawet o dokładkę.

Podobnie większość z nas nie ma skłonności do bezinteresownej służby ani regularnej praktyki duchowej. Lecz kiedy widzimy Ammę wykonującą te czynności z wielkim entuzjazmem i zaangażowaniem, nie potrafimy się powstrzymać przed pójściem w Jej ślady.

We wczesnym etapie życia duchowego możemy spodziewać się przeszkód. Kiedy nawiązujemy kontakt z duchowym Mistrzem, oczekujemy od Niego prowadzenia. Lecz kiedy Mistrz naprawdę zaczyna nam doradzać, często nie podoba nam się to, co mówi. Zadaniem Mistrza jest pomóc nam wykroczyć poza nasze upodobania i awersje. Powinniśmy mieć to na uwadze, kiedy otrzymujemy od Niego czy od Niej wskazówki. Naturalnie Mistrz będzie mówił nam rzeczy, których nie chcemy słyszeć, a także zalecał czynności, których nie lubimy wykonywać. Powinniśmy być na to przygotowani i pamiętać, że Mistrz robi to wyłącznie dla naszego dobra - abyśmy poszerzyli swą świadomość tego, kim jesteśmy oraz do czego jesteśmy zdolni.

W swych pierwszych latach z Ammą nie wiedzieliśmy nic o duchowości - przyciągała nas jedynie Jej bezwarunkowa matczyna miłość. Początkowo Amma bardzo nam pobłażała, tak jak matka pobłaża dzieciom. Lecz po pewnym czasie oznajmiła, że wprowadzi zasady wspomagające nasz rozwój duchowy. Powiedziała: „Kiedy roślinka jest mała, potrzebuje ochrony, inaczej zjedzą ją dzikie zwierzęta lub podepczą ludzie. Później jednak, kiedy przemienia się w drzewo, można do niej nawet przywiązać słonia - tak wielka jest jej siła. Podobnie we wczesnych etapach praktyki duchowy adept powinien ściśle trzymać się tradycyjnej dyscypliny duchowego życia".

Jedną z nowych reguł w tamtym czasie był zakaz picia kawy i herbaty. Jak mówi Amma: „Jeśli nie potrafimy przekroczyć nawet małego strumienia (porzucić nawyku picia kawy), nie powinniśmy się spodziewać, że uda nam się przekroczyć ocean samsary (cykl narodzin i śmierci)".

Jeden z brahmaczarich nie potrafił jednak powstrzymać się przed piciem kawy. Parzył ją i pił w tajemnicy. Pewnego dnia poczęstował też filiżanką innego brahmaczariego. Tamten brahmaczari miał później wyrzuty sumienia i powiedział o swym występku Ammie. Amma wezwała winowajcę i głośno oskarżyła go o wywieranie złego wpływu na brahmaczariego, który dopiero niedawno wstąpił do aszramu. Później tego samego dnia, kiedy kilkoro z nas siedziało w kuchni, nagle wpadł do środka brahmaczari uzależniony od kawy, wyraźnie rozgniewany. „Od teraz" - oznajmił - „nie będę się z nikim dzielił swoją kawą!".

Gdy Guru mówi coś, co nie jest nam na rękę, zawsze uda nam się zinterpretować to w taki sposób, abyśmy nie musieli dostosowywać swego zachowania.

Doskonale ilustruje to następująca historia opowiadana przez Ammę. Pewien mężczyzna szukał Mistrza, który poprowadzi go zgodnie z jego pragnieniami. Lecz żaden Guru nie chciał tego zrobić, a on nie był w stanie przyjąć zasad, które narzucali mu kolejni Mistrzowie. W końcu zmęczył się i położył w polu, aby odpocząć. Pomyślał: „Nie ma Guru, który poprowadziłby mnie tak, jakbym sobie życzył. Nie zgadzam się zostać niczyim niewolnikiem! Cokolwiek postanowię zrobić, czy to nie Bóg stoi za moimi wyborami?". Spojrzał w bok i zobaczył stojącego nieopodal wielbłąda, kiwającego głową. „O, tak! To jest ktoś, kto mógłby zostać moim Mistrzem!" - stwierdził.

„Wielbłądzie, czy zechcesz być moim Mistrzem?" - zapytał. Wielbłąd pokiwał głową.

Mężczyzna obrał więc wielbłąda za swego Mistrza. „Mistrzu, czy mogę cię zabrać do domu?" - zapytał. Wielbłąd znów pokiwał twierdząco. Zabrał go zatem do domu i przywiązał do drzewa.

Minęło kilka dni. „Mistrzu, zakochałem się w dziewczynie. Czy mogę ją poślubić?" - zapytał. Wielbłąd przytaknął.

„Mistrzu, nie mam dzieci" - powiedział po jakimś czasie. Wielbłąd znów przytaknął. Narodziły się dzieci.

„Czy mogę napić się alkoholu z przyjaciółmi?" - zapytał pewnego dnia. Wielbłąd pokiwał głową. Mężczyzna wkrótce stał się alkoholikiem. Zaczął się kłócić z żoną.

„Mistrzu, żona mnie denerwuje. Czy mogę ją zbić?" - zapytał. Wielbłąd przytaknął. Mężczyzna wrócił do domu, zbił żonę i został aresztowany przez policję, która usłyszała awanturę.

Amma mówi: „Guru jest jak lekarz, który nie pozwoli zasnąć pacjentowi ukąszonemu przez węża. Osoba przypatrująca się z boku może uznać metody lekarza za okrutne i myśleć, że powinien on dać pacjentowi odpocząć. Ale lekarz wie, że jeśli pacjent zaśnie, może umrzeć". Podobnie Amma mówi: „Jeśli znajdziesz Guru, który pozwoli ci robić, co chcesz, lub jeśli sam będziesz w ten sposób żył, nie wydostaniesz się z niewoli".

Jeden z wiernych opowiedział mi niedawno historię. Powiedział, że pewnego dnia skarżył się przyjacielowi na nieporozumienia występujące w jego lokalnej grupie satsangowej. Po chwili jego przyjaciel, który kroczył inną duchową ścieżką, przerwał mu. „Wiesz, moja grupa ma te same problemy" - powiedział. - „Ale ty nie musisz się martwić".

„Dlaczego?" - zapytał wierny.

„Bo twój Guru jest w stu procentach prawdziwy. Nie mam wątpliwości, że Ona jest doskonałym Mistrzem. Dlatego wszystko, co dzieje się w Jej grupie satsangowej, z pewnością przyczyni się do twojego rozwoju".

„Zaraz" - zaprotestował wierny. - „Przecież kiedy Amma po raz pierwszy przyjechała do naszego miasta, ty też poszedłeś na program, ale nigdy nie wróciłeś".

„Zgadza się" - potwierdził przyjaciel. - „Wszedłem i zobaczyłem, jak Amma daje darszan z przodu hali. W momencie kiedy moje oczy spoczęły na Niej, wiedziałem, że jest prawdziwa. Dlatego odwróciłem się i wyszedłem".

„Dlaczego?" - zapytał wierny.

„Bo wiedziałem, że to oznacza pracę" - wyjaśnił przyjaciel. - „Gdybym został z Nią, prędzej czy później musiałbym porzucić swą strefę komfortu i zaprowadzić poważne zmiany".

Jest to prawdziwe dla każdego z nas. Celem obcowania z Mistrzem takim jak Amma nie jest zapomnienie o problemach własnych czy świata, ponieważ po to wystarczy obejrzeć film lub napić się alkoholu. Tym, czego naprawdę potrzebujemy, nie jest uśpienie świadomości, lecz jej rozbudzenie. Amma czyni nas bardziej świadomymi naszego wewnętrznego świata, a także naszego otoczenia. Mówi, że kiedy oglądamy telewizję i widzimy cierpiących ludzi, naszym pierwszym odruchem może być zmiana kanału. Nie powinniśmy jednak znieczulać się na problemy innych. Amma chce, aby Jej dzieci uczestniczyły w rozwiązywaniu problemów świata. Dlatego zachęca nas, abyśmy zminimalizowali nasze wydatki na luksusy i poświęcili dodatkowe pół godziny dziennie na pracę na rzecz ubogich. Powtarza też, że marnotrawienie jedzenia jest formą przemocy. Nie są to łatwe wytyczne, dlatego nasza najsłabsza, najbardziej leniwa i najbardziej egoistyczna strona może powiedzieć, że

Amma nie jest praktyczna. Lecz gdybyśmy wzięli sobie słowa Ammy do serca i zastosowali się do nich, świat stałby się o wiele lepszym miejscem, a nasze życie o wiele bardziej szczęśliwe.

Każde wydarzenie, które rozgrywa się wokół Ammy, posiada wiele interpretacji - związanych jest z nim tyle opowieści, ilu obecnych było przy nim wiernych, ponieważ każdy z nich doświadczył go w inny sposób i wyciągnął z niego inną lekcję. W przypadku wspomnianego wcześniej smażenia przez Ammę unniappam na dachu aszramu w Madurai jeden brahmaczari przytacza następującą historię.

Kiedy Amma wlewała ciasto do wrzącego oleju i sprawdzała, czy słodycze można już wyławiać, śmiała się: „Te są jedynie na w pół wypieczone, jak niektóre z moich dzieci". Brahmaczari pomyślał wówczas: „Tak, w przeciwieństwie do mnie wielu z tych ludzi nie jest gotowych przyjąć nauki Ammy... Głównie dlatego, że nie podporządkowali się w pełni Guru".

Krótko potem Amma zaczęła rozdawać wszystkim po dwa unniappam jako prasad. Tradycja mówi, że prawdziwy uczeń przyjmie wszystko, co Guru oferuje jako prasad, lecz ten brahmaczari cierpiał ostatnio na bóle żołądka oraz mdłości i lekarz odradził mu jedzenie smażonych pokarmów na czas choroby. Mając to na uwadze, nie wyciągnął dłoni po prasad. W końcu, prosząc każdego, kto nie otrzymał słodyczy, o podniesienie ręki, Amma spojrzała na niego i poleciła mu przetłumaczyć swą prośbę na angielski. Uczynił to, lecz nawet wówczas, pamiętając zalecenia lekarza, nie podniósł ręki. Kiedy Amma rozdała już prasad wszystkim obecnym, brahmaczari pochylił się ku Niej i zwierzył się ze swoich problemów zdrowotnych. Amma z ogromną czułością powiedziała: „Och mój synu, nie czujesz się dobrze? Zjedz to". Wypowiadając te słowa, z figlarnym uśmiechem wsunęła mu do ręki dwa unniappam.

Kiedy Amma wstała i odeszła, brahmaczari uświadomił sobie, że w ten sposób droczyła się z nim o jego niechęć do przyjęcia prasadu, dając mu jednocześnie do zrozumienia, że on również jest jedynie na w pół wypieczony.

Amma stawia nas w sytuacjach, dzięki którym możemy uświadomić sobie swoje negatywne tendencje, a następnie postarać się je przezwyciężyć. Nie będzie nas jednak do niczego zmuszać.

Jeden z brahmaczarich podzielił się ze mną niedawno następującą historią. Osiemnaście lat temu wszyscy rezydenci aszramu brali udział w projekcie osuszania zalanego gruntu na terenie aszramu. Nosili worki z piaskiem z miejsca, w którym je wyładowywano, na zalany obszar. Pewien młody brahmaczari, który nie przepadał za pracą fizyczną, nagle zaczął się zastanawiać: „Kiedy ktoś mnie zastąpi? Robię to już bardzo długo". Gdy następnym razem powrócił do miejsca załadunku i przełożył sobie przez ramię kolejny worek, nagle podbiegła do niego Amma i zawołała go po imieniu. „Jak długo nosisz worki, mój synu?" - zapytała.

„Prawie dwie godziny" - odparł brahmaczari.

Wtedy Amma krzyknęła donośnie: „Dwie godziny! Spójrzcie na niego... Tak długo ciężko pracuje". Mówiąc to, chciała mu zabrać worek. Brahmaczari nie pozwolił Jej i odszedł, po czym zaniósł piasek na miejsce. Lecz kiedy powrócił po kolejny worek, Amma czekała na niego. „Idź i odpocznij, mój synu" - powiedziała.

W przeszłości, z powodu niechęci do wyjścia poza naszą strefę komfortu, popełniliśmy być może wiele błędów lub straciliśmy kilka okazji do spełnienia dobrego uczynku. Nie powinniśmy jednak czuć się winni z powodu potknięć na ścieżce do Boga. Niezależnie od tego, jak brudna jest woda naszego umysłu, zawsze można ją oczyścić, dolewając świeżą wodę w postaci wzniosłych myśli i szlachetnych czynów. Zarówno choroba, jak i grzech są nieuniknionymi aspektami ludzkiej egzystencji. Choroba jest oznaką zaburzeń ciała. Grzech jest oznaką zaburzeń umysłu. Duchowość pozwala przywrócić równowagę umysłu i skierować nas z powrotem na właściwą ścieżkę.

Sposób, w jaki Guru wybiera swoich uczniów, można przyrównać do tradycji używania wody z Gangesu do ścierania drzewa sandałowego w celu pozyskania wonnej pasty. Woda z Gangesu symbolizuje czystego ucznia, a drzewo sandałowe Mistrza przesyconego aromatem prawdziwej duchowości. Wielu Mistrzów jest właśnie takich. Wybierają jedynie najczystszych uczniów z odpowiednimi duchowymi wartościami i moralnym charakterem. Lecz prawdziwi Mistrzowie, tacy jak Amma, nie zważają na kwalifikacje ucznia. Mimo iż woda z Gangesu znajduje się w zasięgu ich ręki, celowo wybierają brudną wodę w postaci niedoskonałego ucznia i to z niej sporządzają pastę sandałową. Jak żmudny nie okazałby się to proces, do samego końca będą niestrudzenie prowadzić ucznia z bezgraniczną cierpliwością i współczuciem.

Nie powinniśmy się zatem nigdy poddawać, myśląc, że nie ma dla nas nadziei. Powinniśmy natomiast w pełni wykorzystać możliwość przebywania z Ammą i rozwijać w sobie czystą miłość do Boga. Naśladując Ją w modlitwie i służbie, ostatecznie my również zapomnimy o swoim małym „ja" i doświadczymy prawdziwego, trwałego szczęścia.

Rozdział 14

Trzymanie się prawdy

Tworząc osobistą więź z Prawdziwym Mistrzem i przywiązując się do Jego fizycznej formy, nawiązujesz relację z Bogiem, Najwyższą Świadomością - własną wewnętrzną Jaźnią. W odróżnieniu od relacji ze zwykłą osobą więź ta pomoże ci zachować dystans w każdych okolicznościach. Przygotuje ona twój umysł do ostatecznego rozpuszczenia się w Boskiej Świadomości.

– Amma

Pisma mówią, że wszystkie życiowe cele dzielą się na dwie kategorie - *prejas* (bogactwo materialne) oraz *szrejas* (rozwój duchowy). W obu kategoriach jednak podstawowe czynniki niezbędne do osiągnięcia celu są te same - *icza-szakti* (zdolność pragnienia), *dżniana-szakti* (zdolność poznania) oraz *krija-szakti* (zdolność działania).

Wszyscy posiadamy zdolność pragnienia. Jest to przywilej zarezerwowany dla ludzi. Zwierzę nie może pragnąć niczego, co wykracza poza jego podstawowe potrzeby - małpa nie zechce nabyć komputera ani nauczyć się jego obsługi. Jeśli dasz małpie komputer, zepsuje go lub wyrzuci. Ludzie mogą natomiast pragnąć wszystkiego, na tym świecie i poza nim.

Kiedy czegoś pragniemy, musimy dowiedzieć się, jak to zdobyć. Bóg obdarzył nas umiejętnością myślenia oraz intelektem pozwalającym znaleźć środki, które zaspokoją pragnienie. Lecz samo znalezienie środków nie wystarczy. Musimy też podjąć odpowiedni wysiłek. W tym celu Bóg wyposażył nas w zdolność działania. Bez tej zdolności nie potrafilibyśmy poruszać mięśniami. Otrzymaliśmy zatem trzy rodzaje zdolności, aby móc osiągać swe cele, niezależnie od tego, czy należą one do kategorii prejas czy szrejas.

Każdy z nas chciałby osiągnąć pewien poziom spełnienia materialnego. Uczęszczanie do szkoły pomaga nam zidentyfikować własne cele i zdobyć umiejętności potrzebne do ich osiągnięcia. Lecz współczesna edukacja nastawiona jest wyłącznie na osiąganie celów materialnych. Nawet jeśli uzyskamy doktorat, nie możemy powiedzieć, że posiedliśmy prawdziwą wiedzę, którą pisma definiują jako wyeliminowanie błędnych koncepcji dotyczących własnej natury oraz natury świata. Jedynie ta wiedza pomoże nam osiągnąć szrejas, czyli duchowy cel.

Pewna osoba zobaczyła na chodniku coś, co błyszczało jak złoto. Podniósłszy to, zorientowała się, że był to jedynie papierek po cukierku. Widząc przedmiot takim, jakim w rzeczywistości był, pozbyła się go bez zastanowienia. Podobnie kiedy zdobywamy wiedzę pozwalającą nam rozróżnić między prawdą a fałszem, natychmiast odrzucamy fałsz, zachowując jedynie prawdę.

Ponieważ nie osiągnęliśmy jeszcze najwyższej wiedzy, musimy trzymać się kogoś takiego jak Amma, kto jest w tej wiedzy osadzony. Ta więź pomoże nam wyeliminować błędne idee o naszej prawdziwej naturze. Amma mówi, że kiedy udajemy się do nowego miejsca, aby tam trafić, możemy posłużyć się mapą, lecz najlepiej jest zasięgnąć pomocy miejscowego przewodnika.

Na przykład Edmund Hillary przed wyprawą na Mount Everest przeprowadził szczegółowe badania panujących tam warunków. Oprócz tego musiał jednak również poprosić o pomoc szerpów, lokalnych mężczyzn, bez których wyprawa nie zakończyłaby się sukcesem. Spójrzmy też na przypadek niezwykle uzdolnionego chirurga okulisty, który musi poddać się operacji oka. Nie będzie w stanie sam przeprowadzić zabiegu. Musi powierzyć się opiece innego lekarza. Tak samo my możemy dogłębnie studiować pisma, lecz nie wystarczy to, aby zrozumieć naszą Prawdziwą Jaźń. Niezbędna jest absolutna czystość umysłu, w przeciwnym razie nigdy nie ujrzymy własnych słabości ani negatywnych cech. Do tego potrzebujemy pomocy prawdziwego Mistrza, który jak lustro pozwala nam ujrzeć, a następnie wykorzenić własne wady.

Co zatem znaczy trzymać się Mistrza? Nie znaczy to przylgnąć do Jego ciała i nie puszczać, lecz pamiętać o Nim w całym naszym codziennym życiu. Najprostszym sposobem na dokonanie tego jest pielęgnowanie więzi z Mistrzem. Nawiązując osobistą relację z Ammą, z łatwością będziemy o Niej pamiętać, tak jak pamiętamy o swych bliskich, nawet jeśli mieszkają daleko.

Kiedy przebywamy z dala od Ammy, każdy z Jej wiernych może nas do Niej przybliżyć. Pewien mężczyzna z Zachodu, który spędził trochę czasu w Amritapuri, lecz musiał wrócić do swego kraju, aby uporządkować sprawy rodzinne, powiedział mi, że równocześnie z nim przebywał w aszramie inny wierny z jego kraju, za którym nieszczególnie przepadał i wręcz go unikał. Będąc jednak od kilku miesięcy poza aszramem, niezmiernie ucieszył się, kiedy przypadkiem wpadł na niego na ulicy. Zaprosił go nawet do domu na obiad i potraktował jak dawno niewidzianego brata. Sam jego widok przypomniał mu o Ammie i pozwolił mu poczuć, jak gdyby wcale nie znajdowała się Ona daleko.

Wszystko, co robi Amma, jest wyłącznie po to, aby pomóc nam zbudować z Nią bliską więź i tym sposobem przywiązać się do Najwyższej Prawdy czy Boga. Jak mówi Śri Kryszna w Bhagawad Gicie:

Na me pārthāsti kartavyaṁ triṣu lokeṣu kiṁcana
Nānavāptam avāptavyaṁ varta eva ca karmaṇi

W żadnym ze wszystkich trzech światów, o Partha,
nie ma niczego, co pragnąłbym zdobyć lub czego
musiałbym dokonać, lecz mimo to wciąż angażuję się
w działanie.

3.22

Podobnie Amma nie ma nic do zyskania poprzez spędzanie z nami czasu, czy też poprzez podejmowanie jakiegokolwiek działania. Niedawno pewien dziennikarz zapytał Ją: „Co w twojej pozycji społecznej przynosi ci największe zadowolenie?". „Zadowolenie?" - odparła Amma. - „Ja jestem zawsze zadowolona. Kiedy nie jesteś pełny, próbujesz brać od innych, aby stać się pełnym. W moim przypadku tak nie jest. Moja radość nie zna granic".

Niektórzy myślą, że nie ma sensu dzielić się z Ammą problemami i zmartwieniami, ponieważ utożsamia się Ona z Najwyższą Istotą, zatem wie wszystko i jest ponad wszystkim. To tak jakby uczeń szkoły podstawowej powiedział: „Nie będę prosił taty o pomoc w zadaniu domowym, ponieważ on już i tak to wszystko umie". Myśląc w ten sposób, nie skorzysta z wiedzy ojca.

Mimo iż Guru wykracza poza imię i formę, dla dobra naszego rozwoju lepiej jest odnosić się do Guru jako osoby, jednocześnie pamiętając, że Jego prawdziwa natura nie ogranicza się do osoby. Jeśli natomiast będziemy usiłowali postrzegać Ammę jako Absolut, mogą wyniknąć z tego nieporozumienia, ponieważ my wciąż funkcjonujemy na poziomie świadomości ciała.

Podczas jednego z programów Ammy w Indiach na początku darszanu pewien brahmaczari zwrócił uwagę na zanoszącego się płaczem mężczyznę. Podszedł do niego i zapytał, co się stało.

Mężczyzna odparł: „Czuję, że moje serce się powiększa". Brahmaczari uznał, że jest to poważna sytuacja, dlatego nie pozwalając mu czekać, zabrał go na darszan poza kolejką. Powiedział do Ammy: „Ten mężczyzna ma poważny problem - jego serce jest powiększone".

Amma spojrzała na mężczyznę z niedowierzaniem, po czym zapytała: „Czy to prawda, mój synu?".

Mężczyzna uśmiechnął się przez łzy i wyjaśnił: „Nie, nie - nie chodzi o moje fizyczne serce. Moje duchowe serce rośnie z powodu Twojej miłości, Amma".

Mężczyzna i brahmaczari komunikowali się na dwóch różnych poziomach, dlatego nie udało im się porozumieć. Podobnie kiedy będziemy usiłowali komunikować się z Ammą na Jej poziomie, poniesiemy porażkę. Na Jej poziomie żadna komunikacja nie jest w rzeczywistości potrzebna - istnieje tam tylko jedność.

Prawdą jest również, że podczas gdy świadomość Mistrza wykracza poza obiektywną rzeczywistość, dla tych, którzy wciąż tkwią w tej rzeczywistości, Jego obecność jest niezwykle cenna. Dlatego nawet uczniowie wielkiego mędrca Adi Szankaraczarii, który przywrócił uznanie dla adwaity wedanty (filozofii niedwoistości) w całych Indiach, niezwykle dbali o zdrowie i bezpieczeństwo ciała Mistrza.

Świadomy współczującej natury Szankaraczarii, pewien kapalika (osoba, która praktykuje czarną magię) poprosił go pewnego razu o ofiarowanie mu swej głowy w szczególnym rytuale. Wiedząc, że jego Prawdziwa Jaźń nie ucierpi z powodu utraty fizycznego ciała, Szankaraczaria zgodził się, ale ostrzegł, że głowa musi zostać ścięta w tajemnicy przed jego uczniami.

Kiedy wszyscy uczniowie poszli wykąpać się w rzece, kapalika zastał Szankaraczarię pogrążonego w medytacji. Uniósł swój miecz, aby ściąć mu głowę, lecz w tamtej chwili Padmapada, jeden z uczniów mędrca, wyłonił się z ukrycia i obezwładnił, a następnie zabił kapalikę. Podczas kąpieli ogarnęło go silne przeczucie, że Mistrz znajduje się w niebezpieczeństwie, i postanowił wrócić. Jako że Padmapada czcił Pana Narasimhę (wcielenie Wisznu w postaci człowieka-lwa), potrafił obudzić w sobie moc Narasimhy.

Dla Szankaraczarii, który był poza ciałem, nie zrobiłoby różnicy, gdyby Kapalika go zabił. Lecz Padmapada nie myślał: „Mój Guru jest w jedności z niezniszczalną Najwyższą Istotą, dlatego nie ma sensu chronić jego ciała". Za sprawą swej miłości i oddania dla Mistrza zrobił co w jego mocy, aby ocalić jego formę. W zamian Mistrz obdarzył go łaską.

Pewnego razu mędrzec Narada poszedł odwiedzić Pana Krysznę. Widząc go, Kryszna poskarżył mu się na straszny ból głowy i powiedział, że jedynie pył ze stóp prawdziwego wiernego może go uleczyć. Poprosił Naradę, aby znalazł prawdziwego wiernego i zebrał pył z jego stóp. Mimo iż Narada sam był oddanym wiernym, pomyślał, że grzechem byłoby nałożyć pył ze swych stóp na głowę Pana. Udał się zatem na poszukiwania chętnego wiernego. Jednak każdy, kogo napotkał, był tak samo niechętny oddać pył ze swych stóp w obawie przed popełnieniem straszliwego grzechu. W końcu Narada powrócił do Kryszny i przyznał się do porażki.

Kryszna poradził mu, aby zapytał gopi (pasterki) z miasta Wryndawan. Narada był pełen wątpliwości, ale mimo to wyruszył do Wryndawan. Gdy tylko wspomniał o bólu głowy Pana oraz specyficznym lekarstwie, gopi zapomniały o wszystkim innym i zaczęły strzepywać piasek ze swych stóp do woreczka. Nie miały żadnych skrupułów przed ofiarowaniem pyłu ze swych stóp Panu. Dla nich ważne było jedynie, aby ulżyć Mu w cierpieniu. Nie przeszkadzało im, że być może popełniają w ten sposób ciężki grzech. Gdyby zamiast tego myślały: „Kryszna jest Bogiem. Jak Boga może boleć głowa?", nie mogłyby w żaden sposób wyrazić swej miłości i oddania. Mimo iż można pomyśleć, że gopi posiadały ograniczoną wizję prawdziwej natury Śri Kryszny, to właśnie ich bezinteresowne oddanie i miłość - wynikające z tej wizji - pozwoliło im zjednoczyć się z Nim w tak krótkim czasie. Gdyby natomiast patrzyły na Boga jako na bezosobowy Absolut, nie byłyby w stanie skupić na Nim tak dużej uwagi i darzyć Go tak wielką miłością. Osiągnięcie celu ludzkiego życia mogłoby im wówczas zająć o wiele więcej czasu.

Podobnie jeśli nie będziemy odnosić się do fizycznego aspektu Mistrza, lecz jedynie postrzegać Go na poziomie Absolutu, trudno będzie nam zbudować z Nim silną więź. Niektórzy ludzie myślą na przykład, że skoro Amma wie wszystko, nie ma sensu pisać do Niej listów ani zwierzać się ze swych problemów. Pewien brahmaczari ukrywał incydent, który miał miejsce przed jego wstąpieniem do aszramu. Nie powiedział o nim nikomu, włącznie z Ammą. Czasem wracał do niego myślami i ilekroć przychodził na darszan, miał nadzieję, że Amma do niego nawiąże. Nigdy jednak nie opowiedział Jej o nim. Sytuacja ta nie dawała mu spokoju i w końcu wyjawił wszystko w liście. Po przeczytaniu listu przez Ammę poszedł na darszan i zapytał, czy jest na niego zła.

Amma uśmiechnęła się czule, po czym powiedziała: „Oczywiście, że nie... Wszystko, co wydarzyło się w przeszłości, jest anulowanym czekiem. Rozpoczęcie życia z Ammą jest jak otrzymanie czystej tablicy lub wymazanie wszystkich błędów. Bądź jedynie czujny, aby nie powtarzać tych samych przewinień, inaczej będzie to jak nieustanne wymazywanie na kartce w tym samym miejscu - w końcu papier się podrze".

Odpowiedź Ammy przyniosła brahmaczariemu ulgę. Kiedy wstał, gotowy do odejścia, Amma dodała: „Wiedziałam o tym incydencie, lecz kiedy zwierzyłeś się Ammie otwarcie, pozwoliłeś Jej zbliżyć się do siebie. Usunąłeś mur pomiędzy sobą a Ammą".

Amma mówi, że uczeń powinien być przy Mistrzu jak otwarta książka. Nie powinien niczego ukrywać. Nie dlatego, że Mistrz może czegoś o nas nie wiedzieć, lecz dlatego, że kiedy otwieramy przed Mistrzem swe serce, pomaga nam to poczuć, że Mistrz jest z nami. Dopóki pozostajemy na poziomie dualności, bardzo istotne jest pielęgnowanie bliskiej więzi z Mistrzem. Amma mówi: „Używaj mnie jako drabiny do swego rozwoju duchowego". Amma zeszła do naszego poziomu tylko po to, aby wznieść naszą świadomość do poziomu Absolutu.

Mimo iż Amma widzi podstawową jedność we wszelkim stworzeniu, wciąż odnosi się do swych dzieci jako do indywidualnych istot, ponieważ takimi siebie postrzegamy. W rzeczywistości wielu widzi w Ammie powiernika i przyjaciela, który śmieje się i płacze razem z nami, a także tęskni za nami, kiedy wyjeżdżamy.

Na dzień przed rozpoczęciem amerykańskiej trasy w 2007 roku Amma udała się do domu wiernego położonego na północ od Seattle. Niektórzy wierni zebrali się tam, aby powitać Ją przed inauguracją trasy. Amma szybko znalazła się w samym środku grupy, wypytując swe dzieci o samopoczucie i ostatnie zmiany w ich życiu.

Na kilka tygodni przed przyjazdem Ammy zmarł amerykański wierny, który był bardzo blisko z Ammą od poznania Jej w 1987 roku. Na spotkaniu wszyscy odczuwali jego nieobecność. Usiadłszy naprzeciwko wiernych, Amma poprosiła, aby każdy pomodlił się przez chwilę w ciszy za jego duszę oraz pomyślał o tych, którzy nie mogli z różnych powodów przybyć na spotkanie.

Przygotowano posiłek i wkrótce Amma zaczęła rozdawać wszystkim talerze z jedzeniem jako prasad. W trakcie tej czynności rozglądała się po obecnych, chłonąc twarze swych dzieci, z których wielu nie widziała przez cały rok. W tym momencie dziewczynka stojąca obok Niej zauważyła, że Amma ma na palcu pierścionek z jadeitu. Jako że nie jest w stylu Ammy nosić taką biżuterię, dziewczynka zapytała, dlaczego go założyła. Amma odparła, że otrzymała pierścionek od wiernej podczas programu w Japonii i że z powodu głębokiej miłości, z jaką wierna podarowała Jej prezent, poczuła potrzebę włożenia go na palec i noszenia przez pewien czas. Powiedziała również, że twarz dziewczyny, która ofiarowała pierścionek, przypomina Jej o żonie wiernego, który niedawno zmarł.

Amma wyjaśniła, że często ma takie skojarzenia. Gdziekolwiek się udaje, twarze ludzi, którym udziela darszanu, przypominają Jej twarze innych wiernych - często takich, którzy mieszkają na drugim końcu świata. Tak samo jest z głosami. Sposób, w jaki dana osoba mówi, sprawia, że Amma zaczyna myśleć o kimś w odległym kraju. Dzięki temu zawsze myśli o wszystkich swych dzieciach na całym świecie - nawet jeśli nie mogą być one fizycznie przy Niej obecne.

Rozdział 15

Obserwator i obserwowany

„Nie powinniśmy ustawać w poszukiwaniach, a wówczas zaprowadzą nas one z powrotem do punktu wyjścia. Dotarłszy tam, po raz pierwszy poczujemy, że miejsce to jest nam znane".

– T. S. Eliot

Pewien generał postanowił przystąpić do ataku, mimo iż jego armia została mocno zdziesiątkowana. Nie wątpił w swe zwycięstwo, lecz jego żołnierze nie byli w pełni przekonani.

W drodze na pole bitwy generał wyjął monetę i powiedział: „Rzucę nią teraz. Jeśli wypadnie orzeł, wygramy. Jeśli reszka, przegramy. W ten sposób objawi nam się nasze przeznaczenie".

Podrzucił monetę, a w szeregach wszyscy z zapartym tchem obserwowali, jak ląduje. Wypadł orzeł. Żołnierze byli tak szczęśliwi i pewni siebie, że z entuzjazmem ruszyli na wroga i wygrali.

Po bitwie porucznik podszedł do generała i skomentował: „Nikt nie może zmienić przeznaczenia".

„Dokładnie" - odparł generał i pokazał porucznikowi monetę, po której obu stronach widniały orły.

Trik generała nie przysporzył jego armii ani żołnierzy, ani broni. Dał on jedynie walczącym odwagę, której potrzebowali,

aby zwyciężyć. Zmienił sposób, w jaki postrzegali siebie i swoje szanse. Wygrali bitwę, ponieważ uwierzyli, że było to możliwe.

Podobnie Amma mówi: „Widzimy w świecie to, co na niego rzutujemy. Jeśli patrzymy oczami pełnymi nienawiści i mściwości, taki właśnie będzie nam się wydawał świat. Lecz jeśli spoglądamy oczami miłości i współczucia, wszędzie będziemy widzieć jedynie Boskie piękno".

Ilustruje to doskonale japońska opowieść ludowa. Dawno temu w niewielkiej, położonej na uboczu wiosce istniało miejsce znane jako Dom Tysiąca Luster. Dowiedział się o nim szczęśliwy piesek i postanowił je odwiedzić. Kiedy dotarł na miejsce, natychmiast wbiegł po schodach i z podniesionymi uszami oraz merdającym radośnie ogonem zajrzał za drzwi. Ku swemu zaskoczeniu zobaczył tysiąc innych szczęśliwych piesków, merdających ogonem tak samo radośnie jak on. Uśmiechnął się szeroko, na co odpowiedziało mu tysiąc jednakowo ciepłych i przyjaznych uśmiechów. Kiedy opuszczał dom, pomyślał: „To miejsce jest wspaniałe. Będę tu częściej przychodził".

W tej samej wiosce inny piesek, który nie był tak szczęśliwy, jak ten pierwszy, również postanowił odwiedzić dom. Powoli wdrapał się po schodach i zwiesił głowę, kiedy zaglądał przez drzwi. Ujrzawszy tysiąc nieprzyjaźnie nastawionych psów patrzących na niego, zawarczał, a następnie przeraził się, kiedy tysiąc psów zawarczało na niego w odpowiedzi. Odchodząc, pomyślał: „Co za okropne miejsce. Nigdy tu nie wrócę".

Amma przytacza eksperyment przeprowadzony w celu ustalenia, czy świat jest rzeczywiście takim, jakim go postrzegamy. Naukowcy wręczyli młodemu mężczyźnie parę okularów, które zaburzały jego wzrok. Następnie polecili mu nosić okulary bez przerwy przez siedem dni. Przez pierwsze trzy dni bardzo się irytował, ponieważ wszystko, co widział, było zniekształcone. Potem jednak jego oczy przyzwyczaiły się do okularów i ból oraz dyskomfort całkowicie zniknęły. To, co początkowo wydawało mu się dziwne i zdeformowane, później stało się normalne. „Tak samo" - mówi Amma - „każdy z nas nosi inny rodzaj okularów. To właśnie za ich pomocą postrzegamy świat".

Pewien zamożny mężczyzna zabrał swojego syna na wieś, aby pokazać mu, jak biedni mogą być ludzie.

Spędzili dzień i noc na farmie skrajnie ubogiej rodziny. Kiedy wrócili z wycieczki, ojciec zapytał syna: „Jak ci się podobało?".

„Bardzo" - odparł entuzjastycznie syn.

„A czego się nauczyłeś?" - zapytał ojciec, oczekując konkretnej odpowiedzi.

Syn odparł: „Zobaczyłem, że my mamy jednego psa, a oni cztery. My mamy basen, który sięga połowy ogrodu, a oni strumień, który ciągnie się bez końca. My mamy lampy w ogrodzie, a oni gwiazdy. Nasze patio sięga podwórka, a oni mają cały horyzont". Ojcu odjęło mowę, ale syn jeszcze nie skończył. Na koniec podsumował wesoło: „Dzięki tato, że pokazałeś mi, jak jesteśmy biedni".

Mimo iż ojciec i syn mieli te same geny i mieszkali w tym samym domu, a także pojechali na wycieczkę razem i widzieli te same rzeczy, doszli do zupełnie innych wniosków.

Istnieją oczywiście w obiektywnej rzeczywistości przedmioty i zjawiska, co do których wszyscy możemy się zgodzić. Kiedy leje jak z cebra, nie powiemy, że jest piękny słoneczny dzień. Lecz nawet gdybyśmy mieli przyjąć ten sam punkt widzenia i wyznawać te same poglądy, współcześni fizycy odkryli, że nie jest możliwe, aby człowiek posiadał w pełni obiektywny obraz sytuacji. Na przykład według zasady nieoznaczoności Heisenberga nie jest możliwe wiedzieć jednocześnie, gdzie znajduje się subatomowa cząsteczka oraz w jakim kierunku się porusza. Wynika to z tego, że jeśli chcemy zaobserwować położenie jakiejkolwiek cząsteczki subatomowej, musimy odbić od niej inną cząsteczkę - w większości przypadków foton (cząsteczkę światła). Ale kolizja fotonu z obserwowaną cząsteczką zmienia trajektorię obserwowanej cząsteczki, tak jak kula bilardowa zmienia tor kuli, w którą uderza. Zatem przez sam akt obserwacji obserwator zmienia obserwowaną rzeczywistość.

Niezależnie jednak od mechaniki kwantowej nasza umiejętność stworzenia dokładnego obrazu świata jest mocno ograniczona. Na przykład dawniej ludzie myśleli, że ich obraz świata pozostaje zawężony jedynie dlatego, że brak im cierpliwości i kreatywności. Lecz przy obecnej technologii wiemy, że wszechświat jest o wiele większy, niż kiedykolwiek nam się wydawało. Zaczęliśmy uświadamiać sobie ograniczenia naszych narządów percepcji. Ludzkie postrzeganie nie jest jednak ograniczone wyłącznie przez zmysły i niedostatecznie rozwiniętą technologię. Jednakową przeszkodę stanowią tu nasze uwarunkowania i koncepcje. W rezultacie wszyscy jesteśmy psychicznie niepełnosprawni w ten czy inny sposób. W pewnym sensie może być to nawet bardziej paraliżujące niż niepełnosprawność fizyczna. W przypadku niepełnosprawności fizycznej mamy pełną świadomość swoich ograniczeń, natomiast z niepełnosprawności psychicznej często nie zdajemy sobie sprawy, uważając, że nasz umysł jest doskonały. Kiedy znajdujemy się w trudnej sytuacji, którą w rzeczywistości sami sobie stworzyliśmy, zastanawiamy się, jak do tego doszło.

Na pewnym kursie uniwersyteckim, w którym uczestniczyło ponad siedmiuset studentów, odbywał się egzamin końcowy. Profesor ściśle zaznaczył, że arkusze, które nie znajdą się na jego biurku w ciągu dwóch godzin, nie zostaną przyjęte.

Pół godziny po rozpoczęciu egzaminu do sali wbiegł student i poprosił profesora o arkusz egzaminacyjny. „Nie skończysz tego nas czas" - stwierdził sarkastycznie profesor, podając mu arkusz.

„Skończę" - odparł pewny siebie student. Zająwszy miejsce, przystąpił do wypełniania arkusza.

Po dwóch godzinach profesor poprosił o arkusze i studenci posłusznie złożyli je na jego biurku. Wszyscy oprócz studenta, który się spóźnił. Pół godziny później spóźniony student podszedł do profesora z zamiarem położenia arkusza na stosie pozostałych arkuszy. „Nie tak szybko!" - powstrzymał go profesor. - „Nie przyjmę tego. Jest już po czasie".

Z gniewną miną student zapytał: „Czy wie pan, kim jestem?".

„Nie, nie mam pojęcia" - stwierdził niefrasobliwie profesor. - „I mówiąc szczerze, wcale mnie to nie obchodzi".

„Dobrze" - odparł student, po czym podniósł część arkuszy, wsunął swój arkusz w środek i wyszedł z sali.

Profesor uświadomił sobie poniewczasie, że nie posiadał wystarczających informacji o studencie, z którym miał do czynienia. Ponieważ nie dysponował dokładnym obrazem świata wokół siebie, nie był w stanie zareagować w odpowiedni sposób.

Podobnie większość z nas przyjmuje za dobrą monetę świat, w którym żyjemy. Jesteśmy nastawieni na sukces i dobrobyt, lecz nigdy nie przystaniemy, aby zastanowić się, czy ma to sens ani czy życie nie oferuje przypadkiem czegoś bardziej wartościowego.

Istnieją oczywiście wyjątki od tej reguły. Bohater powieści Jean-Paul Sartre`a pt. „Mdłości" doznaje szoku na myśl o tym, ile razy w życiu będzie jeszcze musiał zakładać spodnie. Ten sam bohater odczuwa nudności i niesmak z powodu najbardziej przyziemnych faktów ludzkiej egzystencji oraz przedmiotów wokół siebie. W pewnym momencie żali się przyjacielowi: „Siedzimy tutaj wszyscy, jedząc i pijąc, aby utrzymać się przy życiu, a nie ma żadnego, absolutnie żadnego powodu, aby żyć". Egzystencjaliści słusznie zauważyli, że jesteśmy uwięzieni w świecie form - uganiamy się za formami, spożywamy formy i komentujemy zachowanie oraz przymioty innych form, aż w końcu nasza własna forma kruszy się i umiera.

Posiadając ten wgląd, myśleli, że są mądrzejsi od innych. Ale oni też czegoś nie dostrzegali - istniejącej ponad tym wszystkim Najwyższej Rzeczywistości, która przy szczerym wysiłku oraz łasce Boga może stać się naszym osobistym doświadczeniem. Tak jak osoba, która liczy członków grupy, a zapomina uwzględnić siebie, egzystencjaliści nie pomyśleli, że można wyjść poza umysł i odkryć Atmę. Dla tych filozofów, tak jak dla większości ludzi, umysł stanowił ostateczny podmiot - ich życie składało się z wrażeń zmysłowych przetwarzanych przez umysł.

To prawda, że w odniesieniu do świata zewnętrznego umysł funkcjonuje jako podmiot. Jednak w ostatecznym rozumieniu, według wedanty, umysł stanowi przedmiot, ponieważ potrafimy zaobserwować jego nastroje i stany - smutek, radość, zagubienie, klarowność - a wszystko, co obserwowane, nazwiemy przedmiotem. Wedanta mówi, że umysł oświetlany jest przez Atmę, a zmysły i świat otrzymują swe światło od umysłu, w taki sam sposób jak światło słońca odbijające się w lustrze może oświetlić inny przedmiot[5].

Widząc ograniczenia świata zewnętrznego, lecz nie dostrzegając niczego ponad nim, egzystencjaliści byli pogrążeni w smutku, a nawet zdegustowani. Można powiedzieć, że ich negacja świata była negatywna.

Starożytni riszi również głosili „neti, neti" (nie to, nie to) - oni też negowali świat, nazywając go mithia (wiecznie zmiennym i przez to iluzorycznym w ostatecznym sensie). Lecz ich negacja była pozytywna. Twierdzili, że wszystko, co zmienne, przynosi ból i nieszczęście. Ale istnieje coś, co jest niezmienne - Atma, czy inaczej świadomość obserwatora. Utożsamiając się z tym, osiągniemy prawdziwe szczęście i spokój, a wzloty i upadki życia nie będą mieć na nas wpływu.

W Upaniszadzie Brhadaraniaka Jadżnawalkia mówi do Uszasty: „Wewnętrzna natura całego wszechświata jest również twoją naturą". Aby odkryć swą wewnętrzną naturę, nie musimy nigdzie iść. Jeśli fala na powierzchni Morza Arabskiego chce poznać swą prawdziwą naturę, nie musi płynąć do Oceanu

---

[5] W „Drg Drsya Viveka" Szankaraczaria wyjaśnia to w ten sposób: „Forma jest postrzegana, a oko jest postrzegającym. Oko jest postrzegane, a umysł jest postrzegającym. Umysł wraz ze swymi modyfikacjami jest postrzegany, a Obserwator jest postrzegającym. Ale Obserwator nie jest postrzegany przez nikogo".

Atlantyckiego. Wystarczy, że zajrzy pod powierzchnię i zobaczy, że w rzeczywistości jest wodą.

Dwóch mężczyzn stało na przeciwległych brzegach rzeki. Jeden zawołał do drugiego: „Jak mogę się przedostać na drugą stronę?".

Osoba na przeciwległym brzegu odparła: „O co ci chodzi? Przecież już jesteś po drugiej stronie!".

Podobnie jak w powyższym przykładzie oświecenie nie jest podróżą, w którą trzeba wyruszyć. Musimy jedynie uświadomić sobie, że już jesteśmy tym, czego szukamy. Egzystencjaliści widzieli jedynie wycinek całości. Fizycy kwantowi ujrzeli inny wycinek. Teoretycy kwantowi głoszą istnienie bezkresnego oceanu ukrytej energii, w którym świat fizyczny jest zaledwie falą. Daje ona początek materialnej rzeczywistości, a także podtrzymuje ją. Naukowcy sądzą, że z powodu swej ogromnej energetycznej gęstości fala ta powinna nas zmiażdżyć, ale ponieważ nie powoduje ona tarć, ani my, ani nasze instrumenty jej nie rejestrują. Poruszamy się w niej jak ryby w wodzie i zawdzięczamy jej swą egzystencję.

Jest to być może najbardziej zbliżony do rzeczywistości opis Brahmana zaproponowany dotychczas przez współczesną naukę. Ale naukowcy również widzą jedynie fragment całości - domyślają się istnienia Brahmana, lecz nie rozumieją, że jest On ich własną Prawdziwą Naturą. Tylko riszi ujrzeli pełny obraz, zawierający w sobie ograniczenia zewnętrznego świata, absolutną naturę Brahmana oraz naszą własną Prawdziwą Naturę, której esencją jest ten sam Brahman.

Ludzie o ścisłych umysłach szczycą się tym, że myślą realistycznie. Lecz tak naprawdę jedynymi realistami są oświeceni

Mistrzowie tacy jak Amma, którzy widzą rzeczywistość taką, jaką ona jest. Jak mówi Upaniszada Mundaka „Ten, kto zna Brahmana (wszechwiedzącą, wszechobecną i wszechmocną Czystą Świadomość), staje się Brahmanem".

Na tym polega różnica pomiędzy wiedzą naukową a wiedzą duchową. Kiedy dowiemy się wszystkiego, czego można się dowiedzieć o żabie, nie staniemy się żabą - wyjątkiem są bajki. Lecz kiedy w pełni przenikniemy naturę Brahmana, „staniemy się" Brahmanem. Amma mówi, że oświecona istota „zamiast mówić o cukrze lub kosztować go, staje się cukrem - czystą słodyczą". Wówczas podział na obserwatora i to, co obserwowane, zanika - stają się jednym i tym samym.

Zatem tylko jeśli uświadomimy sobie, że nasza prawdziwa natura przenika całość stworzenia, ujrzymy wszystko klarownie. Zanim to nastąpi, będziemy widzieć jak przez brudne, zaparowane okno.

Tak jak nasza wizja rzeczywistości jest nieuchronnie ograniczona przez nasze narządy percepcji oraz zabarwiona uwarunkowaniami naszego umysłu, w taki sam ograniczony sposób postrzegamy słowa oraz czyny Mistrza. Ograniczenia obserwatora nie pozwalają wyraźnie widzieć obserwowanego. Kiedy oczyszczając umysł za pomocą kontemplacji i duchowych praktyk, pokonamy swe ograniczenia, ujrzymy intencje Mistrza w szerszej perspektywie.

Styl nauczania Ammy jest bardzo subtelny. Nie ma tu miejsca na wzniosłe deklaracje, patos ani pretensjonalność. Wszystko odbywa się bardzo naturalnie, spontanicznie i skromnie. Pozornie niektóre czynności Ammy mogą wydawać się nieistotne, dlatego możemy ich nie doceniać czy nie zwracać na nie uwagi. Lecz w rzeczywistości nauki przekazywane są w każdej chwili, w każdym Jej słowie i w każdym działaniu. Potrzebujemy jedynie uważnego oka i odpowiedniej świadomości, aby je uchwycić.

Na przykład od niedawna Amma mówi o rosnącym zanieczyszczeniu i zagrożeniach ekologicznych na całym świecie. Jednym z sugerowanych przez Nią rozwiązań jest przetwarzanie plastiku, który nie rozkłada się i będzie zalegać na wysypiskach przez tysiące lat. Pewna rezydentka aszramu wzięła sobie słowa Ammy do serca i zaczęła się zastanawiać nad sposobami ponownego wykorzystania miękkiego plastiku, który jest generalnie uważany za bezużyteczny i albo pali się go, albo wywozi na wysypisko. Pewnego dnia przyszło jej do głowy, że mogłaby z niego coś wykonać. Po wielu eksperymentach zaczęła wyplatać piękne torby i sandały ze zużytych plastikowych worków. Kiedy pokazała próbki tych produktów Ammie, oczy Ammy rozbłysły jak u dumnej matki i bardzo się ucieszyła, że Jej dzieci wykazują się tak wielką troską i pomysłowością. „Ammie bardzo podobają się starania Jej dzieci, aby wytwarzać bogactwo z odpadów" - powiedziała wówczas. - „Możecie myśleć, że to tylko drobny gest, ale w ten sposób rozkwitają serca innych i oni również inspirują się do działania. Może to zaprowadzić istotne zmiany w społeczeństwie".

Mimo iż tysiące ludzi słyszało uwagi Ammy na temat przetwarzania plastiku, większość z nich nie odniosła ich do siebie. Lecz jedna osoba posiadała na tyle subtelny umysł, żeby przyswoić sobie słowa Ammy i przełożyć je na produktywne działanie.

Z powodu swej ograniczonej perspektywy często przeoczamy również cel kryjący się za czynami Ammy. W 2007 roku podczas przygotowań do święta Onam kobiety należące do założonej przez Ammę spółdzielni samopomocy chciały zorganizować w Amritapuri uroczysty program. Program obejmował konkurs na najlepszy pookalam (tradycyjną kompozycję kwiatową), pieśni ludowe, gry muzyczne oraz przeciąganie liny. Program miał się odbyć w większej z dwóch aszramowych hal, natomiast darszan został zaplanowany w mniejszej hali, jak w dni powszednie.

Zaledwie pół godziny przed programem Amma nagle ogłosiła, że będzie dawać darszan w dużej hali. Organizatorzy uroczystości byli zaskoczeni, ponieważ przygotowali już halę do programu. Teraz, kiedy Amma przeniosła tam swój darszan, nie mieli pojęcia, co stanie się z programem. Usłyszawszy o tym, niektórzy uczestnicy byli rozczarowani, myśląc, że program ulegnie zakłóceniom lub zostanie odwołany.

Lecz kiedy Amma weszła na scenę, natychmiast zaczęła radzić, w jaki sposób ustawić krzesła, aby jak największa liczba osób mogła oglądać program. Zaprosiła również do udziału w programie wszystkich rezydentów, gości oraz studentów. Później, kiedy zorientowała się, że organizatorzy chcą wyznaczyć na sędziów osoby z innych części Indii oraz z zagranicy, powiedziała, że lepiej byłoby, gdyby sędziowie pochodzili jedynie z Kerali, ponieważ będą wówczas potrafili w pełni docenić regionalne formy sztuki oraz obchody święta. Wszystkie te informacje przekazała, udzielając darszanu.

Kobiety układające kwiaty nawet nie marzyły o tym, że Amma zobaczy ich kompozycje. Ale pookalam powstawały wzdłuż środka hali, tak aby Amma miała na nie dobry widok ze sceny. Pozostałe części programu również odbywały się w taki sposób, aby Amma i przybyli goście mogli je oglądać. Serca uczestników programu wypełniała radość na myśl o możliwości wystąpienia przed Ammą.

Kiedy w końcu ogłoszono zwycięzców konkursu pookalam, Amma powiedziała do mikrofonu: „Ci, którzy nie wygrali, nie powinni się smucić. Wszyscy wykonaliście swą pracę z oddaniem, jednocześnie powtarzając mantrę, i Bóg przyjął wszystkie wasze dary".

Uczestnicy programu, a nawet niektórzy organizatorzy myśleli, że podjęta przez Ammę w ostatniej chwili decyzja zepsuje program dnia - nie mieli pełnego obrazu sytuacji. Gdyby Amma dawała darszan w mniejszej hali, ich program obejrzałoby jedynie kilkuset przyjaciół i członków rodziny. Tymczasem mieli tysiące widzów z całego świata, w tym również Ammę. Gdyby Amma nie zmieniła zdania, obchody Onam byłyby jedynie formalną uroczystością. Dzięki Jej obecności stały się prawdziwym świętem i wszyscy uczestnicy wrócili do domów z sercami przepełnionymi radością.

Kilka lat temu jeden z wiernych Ammy, który często z Nią podróżuje, zaśpiewał podczas darszanu religijną pieśń. Był to pierwszy raz, kiedy śpiewał dla Ammy. Fałszował i gubił rytm. Tamtego wieczoru po darszanie towarzyszył Ammie w drodze do Jej pokoju. Znając go dobrze, uczestnicy trasy żartowali łagodnie z jego nieco dziwacznego występu - każda osoba wytykała mu inny błąd. Nagle Amma odwróciła się i skomentowała: „Nawet jeśli nikomu z was nie podobał się jego występ, Bóg zaakceptował jego pieśń". Słysząc to, wszyscy zamilkli.

Inni ludzie słuchający pieśni wiernego słyszeli jedynie powierzchowne błędy, natomiast Ammę ujęła niewinność jego serca. Amma mówi, że to tej właśnie niewinności większości z nas brakuje: „Czy widząc tęczę lub fale oceanu, wciąż czujemy niewinną radość dziecka? Dorosły, który postrzega tęczę jedynie jako barwne światło, nie dozna radości i podziwu, które odczuwa dziecko, spoglądając na tęczę lub fale w oceanie".

W zeszłym roku pod koniec trzydniowego programu w Monachium, kiedy zakończył się darszan Dewi Bhawa i Amma przecisnęła się przez tłum wiernych, obok swego samochodu ujrzała ogromną ilość balonów w kształcie serca, których użyto wcześniej do dekoracji sali - kobiety, mężczyźni i dzieci trzymali balony w rękach, czekając na ostatnie spojrzenie ich ukochanej matki.

Mimo iż Amma przez długi czas nieprzerwanie udzielała darszanu, zatrzymała się przy samochodzie, najwyraźniej zachwycona widokiem balonów. Balony były wypełnione helem i jeden z wiernych zademonstrował Ammie, że kiedy się je puści, lecą w górę - nie pięć czy dziesięć metrów, lecz wysoko do nieba, ponad wierzchołki drzew i najwyższe wieżowce w mieście. Na widok tego zjawiska Amma zaczęła radośnie klaskać i pokrzykiwać jak małe dziecko.

Pozbierała wypełnione helem serca od otaczających Ją wiernych, a następnie jeden po drugim, a potem po dwa, trzy, pięć i dziesięć zaczęła je wypuszczać z ręki. Dla przyglądających się tej scenie dziesiątki serc unoszących się jak ptaki ku niebu było wspaniałym widokiem, lecz jeszcze wspanialej było obserwować reakcję Ammy - Jej pełne zaangażowanie w spektakl. Amma mówi: „Dziecięca niewinność ukryta głęboko w tobie jest Bogiem". Dla Ammy wszystko jest nowe, a cud Boskiego stworzenia można odnaleźć nawet w najmniejszych rzeczach.

Amma wydawała się całkowicie oczarowana widokiem jaskrawoczerwonych serc na błękitnym niebie. Z zadartą w górę głową obserwowała je przez długi czas.

Kiedy wierni stopniowo się rozchodzili, zauważyłem balon, który nie miał wystarczającej ilości helu, aby polecieć. Napis na balonie głosił po niemiecku: „Mögen eure Herzen erblühen" - niech wasze serca rozkwitną. Ostatni balon pozostał na ziemi, jak gdyby chciał przekazać wiernym przesłanie: kiedy dziecięca niewinność rozkwitnie w naszych sercach, będziemy mogli prawdziwie poszybować na wyżyny oświecenia.

Rozdział 16

Jak Amma widzi świat

„Jeśli zapytasz mnie, kim jest Bóg, odpowiem, że ty jesteś moim Bogiem. Wiatr, morze, ryk lwa, śpiew ptaka - wszystko jest dla mnie Bogiem".

– Amma

Mimo iż wielu z nas czytało opowieści o duchowych Mistrzach, może pojawić się w nas pytanie: Jak taki Mistrz wygląda w prawdziwym życiu? Czy zorientujemy się, kiedy go spotkamy? Po czym go poznamy i skąd możemy mieć pewność?

To samo pytanie zadał Ardżuna Śri Krysznie w Bhagawad Gicie.

Sthitaprajñasya kā bhāṣā samādhisthasya keśava
Sthitadhīḥ kiṁ prabhāṣeta kiṁ āsīta vrajeta kim

Jaki, o Panie, jest opis osadzonego w mądrości,
zanurzonego w samadhi?
Jak ten, kto posiada wiedzę, mówi, jak siedzi
i jak chodzi?

2.54

Ardżuna prosił o fizyczny opis Mistrza. Ale Kryszna wyjaśnia, że to nie po wyglądzie rozpoznamy Mistrza, bo nie ma na tym poziomie duchowych znaków szczególnych, lecz po jego zachowaniu. W kolejnych wersach Śri Kryszna wymienia cechy charakterystyczne dżniani - istoty, która odkryła swą prawdziwą naturę.

Dżniani, wyjaśnia Śri Kryszna, nikogo ani niczego nie potrzebuje - jest spełniony sam w sobie - dlatego odrzuca on wszelkie pragnienia i przywiązania. Będąc wolnym od oczekiwań, strachu i gniewu, nie martwi się katastrofami. Nie ekscytuje się powodzeniem ani nie przejmuje porażką. Ci, którzy znają Ammę, wiedzą, że definicja ta doskonale Ją charakteryzuje.

Kiedy otrzymaliśmy już jasny obraz prawdziwego Mistrza, warto zapytać, dlaczego prawdziwy Mistrz jest taki, jaki jest. Nie dlatego, że posiada on coś, czego sami nie mamy. Nie przebywa on także w innym wymiarze niż my. Różnica polega nie na tym, jak on wygląda, lecz jak spogląda na świat.

W końcu Śri Kryszna mówi:

Yā niśā sarvabhūtānāṁ tasyāṁ jāgarti saṁyami
Yasyāṁ jāgrati bhūtāni sā niśā paśyato muneḥ

To, co dla wszystkich istot jest nocą, dla dżniani jest dniem.
To, co dla wszystkich istot jest dniem, dla dżniani jest nocą.

2.69

Nie oznacza to, że prawdziwy Mistrz nie śpi całą noc, chociaż w przypadku Ammy jest to oczywiście prawdą. Śri Kryszna przyrównuje tutaj noc do postrzegania dualistycznego, a dzień do postrzegania niedualistycznego. Zatem to, co dla wszystkich istot jest nieprawdziwe - niedualność - jest prawdziwe dla dżniani, a to, co jest prawdziwe dla wszystkich istot - świat dualności - jest nieprawdziwe dla dżniani. Tam, gdzie my widzimy świat podziałów i różnic, prawdziwy Mistrz dostrzega jedynie Brahmana, niepodzielne podłoże wszelkiego stworzenia.

Wyobraź sobie, że jest okropnie gorąco. Siedziałeś w swym gabinecie przez osiem godzin jednym ciągiem bez wiatraka ani klimatyzacji i widzisz, że nie będziesz mógł wstać od biurka przez kolejnych osiem godzin. Nie spałeś od trzydziestu godzin, a twój poprzedni sen trwał jedynie półtorej godziny. Nie jadłeś też przez cały dzień, a twój ostatni posiłek składał się z zaledwie kilku kęsów. Twoim zadaniem w pracy jest wysłuchiwanie i rozwiązywanie problemów innych. Wiesz, że następny dzień będzie taki sam, a także każdy kolejny, do końca twojego życia. Ale uśmiech nigdy nie opuszcza twej twarzy. Każdego, z kim rozmawiasz, darzysz taką samą miłością i uwagą, jak gdybyś rozmawiał z własnym dzieckiem. Roztaczasz wokół siebie spokój, miłość, szczęście i piękno.

Jest to scena z dnia w życiu Ammy. Kiedy dziennikarze pytają Ją: „Jaki jest Twój sekret? Jak możesz trzymać takie tempo dzień za dniem, nigdy się nie męcząc?". Amma zawsze odpowiada: „Nie jestem jak bateria, która po pewnym czasie się rozładuje. Jestem raczej podłączona do wiecznego źródła zasilania".

„OK" - odpowiada zazwyczaj dziennikarz. - „Mogę to zrozumieć. Ale dlaczego w takim razie chcesz to wszystko robić? Gdybym ja był wszechmocny, istnieją rzeczy, którymi zająłbym się o wiele chętniej niż słuchaniem przez cały dzień ludzkich problemów. Nie nudzi Cię to?".

„Dla opiekunki" - wyjaśnia Amma - „opieka nad dziećmi jest ciężarem. Ale matce nie przysparza to zmęczenia ani nudy".

Adwaita wedanta, najwyższa duchowa filozofia Indii, naucza, że w ostatecznym rozumieniu świat nie jest prawdziwy. I ze swego oświeconego stanu Mahatma taki jak Amma może spoglądać na rzeczy właśnie w taki sposób - widzieć wszystkie zjawiska tego świata jako złudzenie. Co do Niej samej - Jej potrzeby jedzenia i odpoczynku, a także doświadczanego przez Nią czasem fizycznego bólu - tak właśnie Amma to widzi: nieprawdziwym, iluzorycznym. Lecz jeśli chodzi o ból, cierpienie i potrzeby Jej dzieci, Amma odrzuca ten punkt widzenia i schodzi do naszego poziomu, aby nas przytulić, otrzeć nasze łzy i ofiarować nam wszelką miłość i współczucie, jakich potrzebujemy.

Mimo iż Amma osadzona jest w absolutnej rzeczywistości, nie lekceważy Ona naszych pragnień i potrzeb, mówiąc, że są one iluzoryczne. Amma mówi: „Kiedy ktoś przychodzi do nas z okropnym bólem głowy, nie pomożemy mu, mówiąc: nie jesteś tym ciałem, umysłem ani intelektem. Musimy zrobić co w naszej mocy, aby mu ulżyć, albo zaprowadzić go do lekarza". Podobnie ludzie przychodzą do Ammy z problemami, a Ona robi, co może, aby znaleźć dla nich rozwiązanie. Każdy z Jej projektów humanitarnych jest odpowiedzią na wołanie Jej dzieci. I nie zadowala Jej dawanie ludziom jedynie tego, o co proszą. Na przykład po tsunami mieszkańcy przybrzeżnych wsi zwrócili się do Ammy z prośbą o wyżywienie i schronienie. Amma ofiarowała im nie tylko to, lecz również zadbała, aby stali się samowystarczalni. Po tak strasznej katastrofie nawet nie marzyli o tym, że kiedykolwiek odzyskają niezależność finansową. Lecz Amma pomogła przekształcić cały system ekonomiczny w wioskach i większości mieszkańców powodzi się dzisiaj lepiej niż przed kataklizmem.

Podczas trasy północnoindyjskiej w 2004 roku Amma prowadziła trwający jedną noc program w mieście położonym w północno-zachodnich Indiach. Jak zwykle dotarła na miejsce około zachodu słońca i przez całą noc dawała darszan, kończąc po wschodzie słońca. Bardzo niewielu ludzi stamtąd poznało Ammę wcześniej, dlatego trudno ich nazwać wiernymi. Nawet osoba, w której domu zatrzymała się Amma, nigdy dotąd Jej nie widziała. Zanim Amma wyruszyła na miejsce programu, około pięćdziesięciu przyjaciół gospodarza przybyło na niezapowiedziany prywatny darszan. Amma była w pokoju na piętrze, a goście oblegli schody, aby mieć pewność, że nie wyjdzie bez pobłogosławienia ich.

W miarę upływu czasu stawali się coraz bardziej niesforni. Nie podobało im się długie czekanie. Obawiali się też, że Amma będzie próbowała jakoś im się wymknąć. Postawili sprawę jasno: nie odejdą, dopóki nie otrzymają darszanu.

Kiedy rozeszła się wieść, że Amma będzie wychodzić, odmówili nawet ustąpienia Jej miejsca na schodach. Nie chcieli się przesunąć ani o centymetr. Wszyscy Swami bali się, że Ammie stanie się krzywda, gdy będzie przeciskać się przez ten nieobliczalny tłum.

Kiedy Amma wyłoniła się z pokoju, ludzie oszaleli. Zapanował chaos. Wszyscy zaczęli napierać na Ammę. Ale uśmiech nie opuszczał Jej twarzy. Nikogo nie unikała. Weszła w środek tłumu i dosłownie wciskała sobie każdego z osobna w ramiona, posuwając się do przodu.

Dziesięć minut później była w samochodzie i jechała do hali, w której przez całą noc miała udzielać darszanu tysiącom ludzi. Oczywiście nic Jej się nie stało.

W samochodzie ktoś skomentował grubiańskie zachowanie tłumu i wówczas inni ludzie również wyrazili swe oburzenie. Nie mogli uwierzyć w samolubstwo, jakie właśnie zaobserwowali - niecierpliwość oraz zachowanie graniczące z przemocą.

Jak się do tego ustosunkowała Amma? Jak Ona to widziała?

„Miłość". Amma z tylnego siedzenia samochodu podsumowała wydarzenie jednym słowem. My widzimy wzburzony tłum. Amma widzi Miłość i tylko Miłość.

Kiedy przyglądamy się życiu Ammy, staje się dla nas jasne, że Ona dostrzega o wiele więcej niż my, w każdej sytuacji i w każdej sferze życia.

Później podczas tej samej trasy, w Jaipur, mieście w północnoindyjskim stanie Rajastan, Amma odwiedziła dom gubernatora. Zainspirowany przykładem Ammy, gubernator co tydzień udzielał finansowego wsparcia ubogim i poszkodowanym. Zaprosił Ammę do swej rezydencji, aby z miłością pobłogosławiła ludzi, którzy przychodzili tam regularnie w nadziei na otrzymanie funduszy.

Pośród wielu zgromadzonych osób, którym Amma udzieliła darszanu, znalazł się siedmioletni chłopiec. Jego ciało zajęło się ogniem, kiedy ktoś podpalił chatkę jego rodziców na skutek sporu o własność posesji. Nie miał już oczu ani uszu - jedynie dziurę wielkości guzika w miejscu nosa. Widok tego dziecka poruszył wszystkich do łez - lecz żeby go przytulać? Całować jego poparzony policzek, jak gdyby był to najdelikatniejszy kwiat? Tylko Amma, która widzi wszystko jako Siebie, mogła zrobić coś takiego. Jedynie kiedy ujrzymy i pokochamy wszystko jako Siebie, pozbędziemy się odrazy.

W Purusza Suktam jest powiedziane:

Sahasra śirṣā puruṣaḥ
Sahasra-akṣaḥ sahasrapāt

Tysiące głów posiada Kosmiczna Istota.
Tysiące oczu ma ona i tysiące nóg.

Wers nr 1

Pewnego roku podczas trasy północnoindyjskiej Amma zatrzymała się nad brzegiem rzeki i poszła popływać razem ze swymi dziećmi. Kiedy myła twarz każdemu dziecku po kolei, nagle zrobiło się zamieszanie. Dwie brahmaczarinki poniósł prąd i zaczęły tonąć. W panice zaczęły chwytać się siebie nawzajem i wciągać pod wodę. Jeden z zachodnich wiernych zanurkował i z ogromnym wysiłkiem wyciągnął je na brzeg. Amma nakazała, aby wszyscy natychmiast wyszli z wody. Lecz kiedy wypełnili Jej polecenie, wciąż stała na brzegu z zatroskanym wyrazem twarzy. Mimo iż wszyscy mówili Jej, że nikt nie został w wodzie, Amma upierała się: „jedno z moich dzieci wciąż jest w wodzie!". Nikt jednak nie wynurzył się i po policzeniu wszystkich okazało się, że nikogo nie brakuje. W końcu Amma podeszła do wieloletniej wiernej z Zachodu i powiedziała:

„Bądź bardzo ostrożna". Kobieta nie umiała pływać i bardzo się zmartwiła ostrzeżeniem Ammy. Wieczorem zapisała słowa Ammy w pamiętniku.

Kilka dni później ta sama kobieta rozmawiała ze swoim ojcem, który był na wakacjach na Karaibach. Powiedział jej, że podczas wyjazdu otarł się o śmierć. Kilka dni wcześniej pływał w oceanie, kiedy nagle fala porwała go w głąb morza. Fala wciągała go pod wodę, a on desperacko wzywał na pomoc przyjaciela. Przyjaciel nie mógł się jednak do niego przedostać. Uświadomiwszy sobie nieuchronność śmierci, mężczyzna zaczął błagać o ratunek Ammę. W końcu przestał walczyć i pogodził się z losem. Wówczas, ku jego zdumieniu, fale zaniosły go z powrotem na brzeg i zostawiły na plaży.

Porównując czas wypadku ojca z incydentem nad rzeką w Indiach, kobieta zorientowała się, że obie sytuacje wydarzyły się jednocześnie, i zrozumiała, że to jej ojca miała na myśli Amma, mówiąc: „Jedno z moich dzieci wciąż jest w wodzie".

Niedawno aszram odwiedziła ekipa telewizyjna. Postanowili przeprowadzić wywiad z jednym z rezydentów aszramu, wyznaczonym do koordynacji ich wizyty. Podczas wywiadu powiedział, że zanim poznał Ammę, troszczył się głównie o własny komfort i szczęście, natomiast teraz, zainspirowany przykładem Ammy, pragnie jedynie służyć światu. Kiedy ekipa opuściła aszram, rezydent oznajmił Ammie, że wcale nie chciał się znaleźć przed kamerą, ale korespondent nalegał. Wysłuchawszy jego usprawiedliwień, Amma odparła: „Gdybyś naprawdę zaofiarował swoje życie światu, nie byłoby w tobie ego. Czy stałbyś przed kamerą, czy za, nie stanowiłoby to dla ciebie różnicy". Bezbłędna logika Ammy sprawiła, że mężczyźnie odjęło mowę. Ale Amma jeszcze nie skończyła. „Tak czy siak, inna kamera zawsze cię obserwuje" - dodała.

Przypomina mi to o incydencie z początków aszramu. Jeden z rezydentów, który wówczas dopiero się do nas przyłączył, opowiadał Ammie o swoich problemach. „Nie martw się, synu, Amma jest zawsze z tobą" - pocieszyła go Amma.

„Wiem o tym" - odparł mężczyzna. - „Dlatego właśnie się martwię!".

Dawno temu nauczyliśmy się, że przed Ammą nic się nie ukryje. Pewnego dnia jeden z wiernych ofiarował Ammie torbę z ciastkami. Nie zaglądając do środka, Amma zawołała rezydenta aszramu i poleciła mu: „Synu, odłóż te ciastka na bok. Zjemy je wieczorem". Mężczyzna zabrał torbę i poszedł do swojej chatki. Tam zajrzał do niej i zobaczył, że znajduje się w niej pięć opakowań ciastek. Wyjął jedno opakowanie i ukrył je pomiędzy liśćmi palmowymi, z których wykonana była strzecha.

Wieczorem Amma poprosiła, aby rozdać ciastka jako prasad. Mężczyzna przyniósł torbę pomniejszoną o opakowanie, które sobie przywłaszczył. „Synu, tu są tylko cztery opakowania. Gdzie jest piąte?".

Mężczyzna zastygł jak jeleń oślepiony światłami samochodu. W końcu Amma wstała, poszła do jego chatki i sięgnęła prosto do kryjówki, skąd wyjęła brakujące opakowanie. Potem, podczas posiłku, opowiedziała wszystkim całą historię, wyjaśniając, że dała mężczyźnie torbę jako sprawdzian bezinteresowności. I mimo iż oblał sprawdzian, czegoś się nauczył - od tamtej pory nigdy nie przywłaszczył sobie niczego, co do niego nie należało.

Kilkanaście lat temu wierna i jej nastoletnia córka leciały do aszramu Ammy w Indiach. Były w powietrzu, w połowie drogi między Singapurem a Trivandrum, skąd miały odbyć trzygodzinną jazdę taksówką wzdłuż zachodniego wybrzeża do aszramu. Skończyły właśnie swój posiłek i stewardessa zabierała ich tace. Nagle zaczęły się straszne turbulencje - samolotem rzucało na prawo i lewo, a także w górę i w dół.

Wiernej przewróciło się w żołądku, kiedy samolot zaczął niespodziewanie spadać. W przeciągu minuty opadł z wysokości dziesięciu tysięcy metrów do sześciu tysięcy metrów. Potem na krótką chwilę wszystko wróciło do normy. Pasażerowie spojrzeli po sobie i odetchnęli z ulgą. Wtedy samolot znów zaczął spadać.

Przed pasażerami wypadły maski tlenowe, ale nikt nie sięgnął po nie. Wierna i jej córka spojrzały na stewardessę w nadziei na uspokajające spojrzenie. Ujrzały jednak tylko przerażenie. Zaczęły się żarliwie modlić.

Powoli ogarniał je spokój. Córka wiernej opowiadała później, że kiedy patrzyła przez okno na zbliżające się w szybkim tempie głębokie niebieskie morze, nie czuła lęku.

W końcu, trzy tysiące metrów nad wodą, samolot ustabilizował się. Kilka minut później w głośnikach odezwał się pilot, z wyraźną ulgą w głosie: „Wszystko będzie dobrze. Prosimy, aby każdy pozostał na swoim miejscu... i nie wyskakiwał z samolotu". Pilot nigdy nie wyjaśnił, co spowodowało spadek ani w jaki sposób udało mu się opanować sytuację. Wylądowali szczęśliwie i bez kolejnego kryzysu.

Kiedy wierna i jej córka dotarły do aszramu, poszły na darszan i opowiedziały Ammie o dramatycznym wydarzeniu.

Amma nie odniosła się do ich słów, lecz trzymała je w ramionach przez wyjątkowo długi czas. Później Jej asystentka powiedziała wiernej, że przed wyjściem na darszan tego ranka Amma wydawała się być nieobecna. Kołysała się w przód i w tył, powtarzając: „strasznie trzęsie, strasznie trzęsie...". Wypowiedziała też imię wiernej.

Nawet w wymiarze obiektywnej rzeczywistości Amma widzi o wiele więcej niż my. Podczas pierwszej trasy po świecie po dotarciu do Santa Fe całą noc nie spała. Rano wyjaśniła, że widziała wiele dziwnie wyglądających subtelnych istot, które przyszły do Niej po błogosławieństwo. Kiedy zapytano Ją, jak wyglądały, odparła, że miały tułów zwierzęcia i ludzkie nogi.

Tak się składało, że w jednym z pokoi domu, w którym się zatrzymaliśmy, znajdowała się kolekcja figurek, które dokładnie odpowiadały opisowi Ammy. Mimo iż właściciel domu wystawił je bardziej dla dekoracji, były one wizerunkami kaczina, bóstw wielbionych przez tamtejsze plemiona rdzennych Amerykanów. Usłyszawszy opowieść Ammy, gospodarz zrozumiał, że kaczina nie są jedynie figurkami, jak się dziś powszechnie uważa, lecz subtelnymi istotami, które rzeczywiście istnieją i mogą zostać dostrzeżone przez osoby o subtelnej percepcji.

Amma odkryła przed nami również swe głębokie intuicyjne zrozumienie duchowej tradycji Indii. Na przykład przez wiele stuleci w Indiach zakazywano kobietom odprawiania ceremonii w świątyniach. Amma stworzyła nowy rodzaj świątyni oraz rytuałów i w ciągu ostatnich dwudziestu lat powstało osiemnaście takich świątyń. Niektóre z brahmaczarinek, którym dotychczas nie pozwalano nawet wchodzić do sanktum sanktorum, zostały nauczone odprawiania tradycyjnych rytuałów.

Kiedy ich przeszkolenie dobiegło końca, Amma wysłała je do rozmaitych filii aszramu. Niektórzy zapytali Ją wówczas, jakie przykłady z pism może podać dla poparcia tego posunięcia. Amma odparła, że pisma stanowią zapis słów Mahatmów i że ci sami Mahatmowie mają prawo dokonywać w nich na przestrzeni wieków niezbędnych zmian, aby dostosować je do potrzeb czasu i miejsca.

W Bhagawad Gicie Pan Kryszna mówi:

Yāvān artha udapāne sarvataḥ saṁplutodake
Tāvān sarveṣu vedeṣu brāhmaṇasya vijānataḥ

Dla oświeconej istoty wszystkie Wedy
są tak użyteczne jak zbiornik wody,
kiedy dookoła panuje powódź.

2.46

Nie oznacza to, że prawdziwi Mistrzowie nie stosują się do pism czy ich nie szanują, lecz nie potrzebują ich jako przewodnika. Oni osiągnęli już Najwyższą Wiedzę opisywaną w pismach.

Za sprawą swej uniwersalnej wizji Amma wykracza poza powierzchowne różnice w tradycjach religijnych świata. Dlatego nigdy nie prosi Ona nikogo, aby zmienił wyznanie, lecz aby pogłębiał dotychczasową wiarę, odkrywał jej podstawowe zasady i żył zgodnie z nimi.

Podczas jednej z amerykańskich tras Ammy podróżujący z Ammą wolontariusze zaprezentowali piosenki i tańce należące do głównych tradycji religijnych świata, ale osoba, która miała reprezentować jedną z religii, zachorowała. Nikt nie zauważył jej nieobecności, lecz kiedy występy dobiegły końca, Amma zwróciła uwagę na fakt, że jedna z religii została pominięta. W trakcie udzielania darszanu sama zaśpiewała pieśń pochodzącą z tej tradycji, w ten sposób dopełniając całości.

Ponad dwanaście lat temu, zanim zaczęło się powszechnie mówić o globalnym ociepleniu i nasilających się zaburzeniach rytmu przyrody, wgląd Ammy w działania Matki Natury skłonił Ją do ostrzeżenia ludzkości przed konsekwencjami kontynuacji obecnych działań. „Teraz nie ma już deszczu, kiedy powinno padać. Kiedy przychodzi deszcz, pada albo za mało, albo za dużo, i dzieje się to albo za wcześnie, albo za późno. Tak samo jest ze słońcem. Dziś ludzie wyzyskują naturę. Dlatego występują powodzie, susze i trzęsienia ziemi, i wszystko ulega zniszczeniu".

Amma wskazała ukrytą przyczynę rosnącej dysharmonii w przyrodzie, mówiąc, że bardziej szkodliwa niż czarny dym wydobywający się z kominów fabryk jest ciemna chmura egoizmu, nienawiści oraz złości w ludzkich sercach i że nie tylko działania ludzkości, lecz również jej myśli i słowa wywierają bezpośredni wpływ na przyrodę. „Nastąpił ogromny spadek jakości życia. Wiele osób odwróciło się od Boga. Nie czują miłości ani współczucia, a duch współpracy na rzecz ogółu został zatracony. Odbije się to negatywnie na przyrodzie. Natura odbierze nam wszystkie swe błogosławieństwa i zwróci się przeciwko ludzkości. Reakcja natury będzie niewyobrażalna, jeśli ludzkość nie przestanie w ten sposób postępować".

Nawet teraz Amma mówi, że natura jest wciąż bardzo wzburzona - wcale jeszcze nie zażegnaliśmy niebezpieczeństwa. Amma twierdzi, że bez gruntownych zmian w zachowaniu i podejściu ludzi przyroda będzie dalej siać spustoszenie. Często radzi wiernym modlić się, aby delikatny powiew Boskiej łaski przegnał z ludzkich serc ciemne chmury złości, nienawiści i negatywności.

Niedawno zaproponowała też całą gamę konkretnych, praktycznych rozwiązań - od sadzenia drzew po carpooling (wspólne przejazdy samochodem), od oszczędzania wody i papieru po przetwarzanie plastiku - które wierni zaczęli już wdrażać na całym świecie. Będzie to miało niezwykle pozytywny wpływ na naturę i pomoże przywrócić na naszej planecie równowagę oraz naturalny porządek.

W mieście Chidambaram w stanie Tamil Nadu istnieje starożytna świątynia, która eksponuje ostateczną wizję Sanatana Dharmy. W świątyni tej, zamiast spoglądać na Boga w formie figury, dosłownie wchodzi się w Boga. W świątyni znajduje się pomieszczenie - akasza linga - które samo w sobie uważane jest za ucieleśnienie Boga. Wchodząc do pomieszczenia, wchodzi się do Boga. Następnie przechodzi się przez Boga, oddycha Bogiem i kontempluje tajemnicę, którą jest Bóg, wewnątrz i na zewnątrz. Świątynia ta pomaga doświadczyć wszechobecnej natury Boga.

Taka była wizja Ammy od momentu Jej narodzin. Amma mówi, że kiedy przyszła na świat, wyraźnie widziała, że wszystko w Niej i wokół Niej przesiąknięte jest Bogiem - że wewnątrz i na zewnątrz nie ma nic poza jedną, obejmującą wszystko Boską Świadomością.

Nie oznacza to, że Amma nie dostrzega różnicy pomiędzy roślinami, zwierzętami, drzewami i gwiazdami, a także ludźmi, których tuli w swych ramionach. Amma postrzega wszystko tak jak ty i ja, lecz widzi również, że te pozornie odrębne rzeczy są w istocie jednym - że wszystkie cząsteczki przyrody są tylko i wyłącznie Bogiem.

Na tym polega sekret kryjący się za współczuciem Ammy. Jej współczucie nie zna granic, ponieważ Jej świadomość Siebie jest nieograniczona. Jej „Ja" jest wszechobecne, jak przestrzeń. W umyśle Ammy nie istnieje miejsce, w którym kończy się Ona, a zaczynamy my.

Rezultat tej niedualistycznej wizji Ammy jest taki, że gdy widzi Ona cierpiącą osobę, natychmiast spieszy z pomocą. Dlaczego? Ponieważ nie postrzega jej Ona jako odrębnej od siebie. Kiedy widzi bezdomnego, chce mu ofiarować dom. Kiedy widzi kogoś pozbawionego środków na edukację, chce mu zapewnić odpowiednie wykształcenie. Kiedy widzi głodnego, chce go nakarmić. Kiedy widzi kogoś spragnionego miłości, chce go kochać. Dla Ammy nawyk pomagania innym jest naturalny, tak jak nawyk ocierania łez, które płyną z Jej własnych oczu. Dla Ammy nie ma różnicy. Prawdziwi Mistrzowie tacy jak Amma służą światu oraz żyją dla swych uczniów i wiernych, ponieważ widzą wszystkich i wszystko jako siebie, przez co nieprzerwanie zalewają świat miłością i współczuciem.

Zeszłego lata podczas sesji pytań i odpowiedzi na jednym z odosobnień pewna wierna niewinnie zapytała Ammę: „Nigdy nie widziałam takich oczu jak Twoje - wyglądają, jakby zawierał się w nich cały wszechświat. Czy kiedykolwiek zastanawiałaś się nad swymi oczami?".

Odpowiedź Ammy była krótka, ciepła i bardzo głęboka: „Widzę swoje oczy poprzez twoje. Widzę siebie poprzez ciebie".

Nigdy nie zrozumiemy, jak to jest widzieć świat oczami Ammy. Ale oczywiste jest, że gdziekolwiek Amma nie spojrzy, widzi więcej niż my. Przenika w głąb sytuacji, w głąb ludzkich serc, w głąb aktualnych problemów. Dostrzega niewidzialne dla nas istoty, a także wydarzenia rozgrywające się na drugim końcu świata. Wykraczając poza dogmaty, sięga wspólnego serca wszystkich wyznań. Wykraczając poza różnice kulturowe, postrzega wszystkich ludzi jako jedną rodzinę. Rozpoznaje kłamstwa, ukryte motywy i czyste serce. Posiada wgląd w myśli i czyny swoich dzieci i ponad brzydotą dostrzega wewnętrzne piękno niewinnego serca. Ostatecznie wszędzie widzi tylko Siebie. Tak było zawsze i zawsze tak będzie.

Słowniczek

Adwaita – dosłownie „nie dwa". Niedualność czy niedwoistość – podstawowa zasada wedanty (filozofii duchowej Sanatana Dharmy).

Amritapuri – główny aszram Ammy, położony w stanie Kerala w Indiach, w miejscu Jej narodzin.

Ananda – błogość.

Atman – Jaźń, Najwyższa Świadomość.

Bhadżan – pieśń wielbiąca Pana.

Brahman – Najwyższa Prawda znajdująca się ponad wszelkimi atrybutami. Wszechwiedząca, wszechpotężna i wszechobecna podstawa wszechświata.

Darszan – audiencja u świętej osoby lub widzenie Boga. W przypadku Ammy odbywa się poprzez przytulenie.

Dewi Bhawa – nastrój Bogini. Stan, w którym Amma ujawnia swą Jedność z Boską Matką.

Dharma – w sanskrycie: to, co podtrzymuje stworzenie. Prawość, obowiązek, odpowiedzialność, równowaga we wszechświecie.

Dżiwa – indywidualna dusza, ostatecznie tożsama z Brahmanem.

Dżiwanmukti – wyzwolenie za życia.

Dżniana – wiedza duchowa, Najwyższa Wiedza.

Dżniani – osoba, która osiągnęła stan Jedności z Bogiem.

Ghi (ang. transliteracja: ghee) – masło klarowane. Tradycyjnie ghi było kosztownym luksusowym produktem dodawanym do potraw, aby wzbogacić ich smak. Dlatego picie ghi stało się symbolem życia w luksusie.

Gopi – mleczarki żyjące we Wryndawanie w czasach Kryszny. Jego największe wielbicielki.

Kaurawowie – przeciwnicy szlachetnych Pandawów w wojnie opisanej w Mahabharacie.

Mahabharata – jeden z dwóch wielkich indyjskich eposów. Wspaniały traktat o dharmie (prawości).

Mahatma – dosłownie „wielka dusza". Istota oświecona.

Maja – iluzja. Według wedanty maja sprawia, że dżiwatma błędnie utożsamia się z ciałem, umysłem i intelektem zamiast ze swą prawdziwą naturą – Paramatmą.

Mata Amritanandamayi Devi – imię nadane Ammie przez Jej uczniów, oznaczające Matkę Wiecznej Błogości, często poprzedzane tytułem „Śri" dla oddania szacunku.

Mithia – zmienny, iluzoryczny, nietrwały. Według wedanty cały świat jest mithia.

Onam – festiwal w Kerali odbywający się z okazji zbiorów.

Pandawowie – pięciu synów króla Pandu. Bohaterowie eposu Mahabharata.

Paramatma – Najwyższa Istota.

Prasad – błogosławiony dar ze świątyni lub od świętego, często w postaci pożywienia.

Pudża – rytuał oddawania czci.

Purany – pisma, które za pomocą opowieści, alegorii i konkretnych przykładów przybliżają znaczenie Wed.

Riszi – oświeceni mędrcy żyjący w starożytnych Indiach.

Samadhi – „ustanie wszelkiej aktywności myślowej". Stan, w którym indywidualna istota jednoczy się z Najwyższą Istotą.

Samsara – cykl narodzin i śmierci.

Sanatana Dharma – „Wieczna Droga Życia". Tradycyjna nazwa hinduizmu.

Sanktum sanktorum – to pochodzące z łaciny wyrażenie w przypadku świątyni odnosi się w do jej wewnętrznej, najświętszej części, w której umieszczony jest wizerunek głównego bóstwa.

Satsang – zjednoczenie z Najwyższą Prawdą, a także przebywanie w towarzystwie świętych, słuchanie duchowych wykładów, uczestniczenie w grupowych duchowych praktykach.

Sziwaizm – praktyki hinduizmu skupiające się na wielbieniu Pana Sziwy.

Unniappam – traydycyjny smażony keralski przysmak.

Wedanta – dosłownie „koniec Wed". Odnosi się do Upaniszad, które mówią o Najwyższej Prawdzie i sposobach doświadczenia tej Prawdy.

www.ingramcontent.com/pod-product-compliance
Lightning Source LLC
Chambersburg PA
CBHW071217090426
42736CB00014B/2856
* 9 7 8 1 6 8 0 3 7 9 4 1 9 *